세계 창세 신화

세상은 어떻게 만들어졌을까

글을 쓴 브누아 레스(Benoît Reiss)는 현재 파리에 살고 있다.
2004년 셴(Cheyne) 출판사에서 『우화의 그늘(L'Ombre de la Fable)』을 펴냈다.

그림을 그린 알렉시오스 조이아스(Alexios Tjoyas)는 그리스에서 났고 에티오피아에서 자랐다.
출판과 언론을 통해 많은 그림을 발표했다.
알뱅 미셸에서 펴낸 『아프리카 산토끼 음볼로의 지혜와 짓궂은 장난(Sagesse et Malices de M'Bolo le liévre d'Afrique)』과 민담책 『왕과 달, 그리고 거지(Le Roi, la Lune et le Mendiant)』의 일러스트를 담당했다.
인터넷 사이트 : www.grigri.tv/tjoyas

Aux Origines du Monde by Benoît Reiss and Alexios Tjoyas
Copyright©2004, Albin Michel Jeunesse
All rights reserved.

Korean Translation Copyright©2008 by Munhakdongne Publishing CO.,Ltd.
Korean edition is published by arrangement with Albin Michel Jeunesse through Imprima Korea Agency

이 책의 한국어판 저작권은 Imprima Korea Agency를 통해 Albin Michel Jeunesse와 독점 계약한
(주)문학동네에 있습니다. 저작권법에 의해 한국 내에서 보호를 받는 저작물이므로 무단전재와 무단복제를 금합니다.

세계 창세 신화

세상은 어떻게 만들어졌을까

브누아 레스 글 | 알렉시오스 조이아스 그림 | 남윤지 옮김

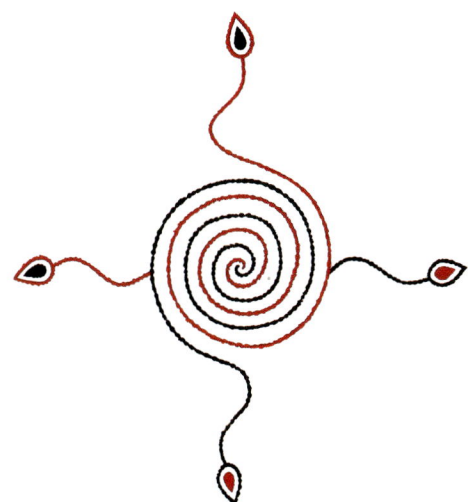

문학동네

들어가는 말

이 책에는 세계 여러 나라에서 전해 내려오는 '세상이 처음 만들어진 이야기'가 실려 있다. 전 세계 모든 나라의 창세 신화를 모두 담고 있는 것은 아니지만, 창세 신화의 거의 모든 유형이 나타나 있다. 그러니까 여러분은 이 책에서 알에 얽힌 이야기, 한가로운 신들, 불행한 연인들, 증오심에 가득 찬 가족들, 매우 생생한 꿈들에 관한 이야기를 만나게 될 것이다.

이 책에 등장하는 세계 창세 신화들은 원래의 줄거리를 바꾸진 않았지만 모두 새로 쓴 것이다. 대부분의 이야기는 대대로 입에서 입으로 전해 내려온 구전 신화들이다. 마을 어귀 커다란 나무그늘 아래서 동네 할머니나 할아버지가 어름어름 들려주던 구수한 옛이야기 말이다. 그렇게 여러 세대를 거쳐 수많은 노인들의 입을 통해 전해 내려오다가, 결국에는 그 이야기의 존재 이유조차 잊혀지고 말았을 것이다. 그러다 민족학자들이 나타났다. 연필과 수첩으로 무장한 그들은 나무 그늘 아래 노인들의 발치에 웅크리고 앉아 이야기를 받아 적어 내려갔다. 그러니 문득 이런 생각이 들 수도 있겠다. 신화가 입에서 입으로 전해지게 된 이유는 오직 하나, 작은 관과 같은 수첩을 들고 가벼운 옷차림으로 나타난 신사들에게 전달되기 위해서가 아닐까 하고.

　나는 다만 이 신화들이 우리에게 전해지기까지, 그 여정을 상상해볼 따름이다.

　혹시 이 책에서 한두 가지 실수가 발견된다 해도, 예를 들어 신들의 이름이 잘못되었거나 농작물 이름이 잘못 표기되어 있어도, 용서해주길 바란다. 이 책이 전문서적이 아니라는 사실을 기억해주었으면 한다. 다만 작가로서 꼭 하나 바라는 점이 있다면, 이 이야기들을 읽고 여러분의 한쪽 눈썹이 실룩 올라갔으면 하는 것이다. 호기심에? 즐거움에? 너무 많은 모호함에 짜증이 나서? 그것은 중요하지 않다. 한쪽 눈썹이 실룩 올라가거나, 아니면 입이라도 벌어져야 한다. 나의 가장 큰 바람은 바로 독자의 얼굴이 조금 뒤틀렸으면 하는 것이다.

　마지막으로, 우리가 살아가는 세상이 어떻게 시작되었든 간에 내 생각은 이렇다. — 세상은 매우 훌륭하고 아름답다. 바로 그곳에서 안톤, 로레트, 그리고 에스테르를 만날 수 있었으니까.

한눈에 보기

오스트레일리아 애보리지니 신화

움켜쥔 꿈

한 청년이 내게 들려주었다. 스무 살가량 된 청년은 이 이야기를 자기 할머니에게서 들었다고 했다. 그의 할머니는 공책을 한 권 보관하고 있었는데, 할아버지가 당신 부모님의 할머니에게 들은 꿈들을 기록한 것이었다. 공책의 맨 첫 장에는 낯선 고대 언어로 '망각'이라는 단어가 적혀 있었다. 청년은 눈을 반짝이며 내게 그 꿈 이야기를 들려주었다.

"태초에는 꿈이 일상과 무관하지 않았어요. 둘은 마치 쌍둥이처럼 서로 연결되어 있었죠. 그 아득한 옛날의 이름은 바로 '움켜쥔 꿈의 시대'예요.
우리 조상들은 그 시대에 살고 있었어요. 그들의 모든 행동, 그러니까 잠자고, 일어나고, 먹고, 마시고, 배설하는 모든 일들이 꿈에 속해 있었어요. 우리 조상들은 아주 다양한 모습으로 땅 위에 존재했어요. 식물, 동물, 인

간의 모습만이 아니라 반동물 반인간, 반식물 반동물, 반인간 반식물의 모습으로 말이에요.

그러던 어느 날, 무(無)에서 창조된 두 존재가 양 끝에서부터 땅을 탐사해 나가기 시작했어요. 그들의 이름은 언감비쿨라였어요. 언감비쿨라들은 이 땅 모든 곳에서 꿈꾸고 있는 혼종의 존재들, 바로 우리 조상들을 보았습니다. 도마뱀 몸통이 달린 고사리, 처녀 다리를 가진 회양목, 남자 상반신에 뱀의 꼬리나 쥐의 발 아니면 종려나무 밑동이 달린 존재들과 마주쳤어요. 머리 대신 노란 미모사 꽃이 달린 말, 풍뎅이 몸통이의 소와 마주치기도 했어요. 가는 곳마다 형태가 완성되지 않은 존재들, 그러니까 살과 체액, 털과 비늘이 뭉쳐진 덩어리들이 움직이는 게 보였어요. 물가에 서 있는 나무 발치에는 물고기 꼬리를 단 새들이 펄떡이는 광경도 보였어요. 우리 조상들은 아직 미완성이었던 거죠. 아니, 적어도 언감비쿨라들은 우리 조상들이 미완성이라고 생각했어요.

언감비쿨라들은 허리에 차고 있던 돌칼로 우리 조상들을 조각하기 시작했어요. 머리, 몸통, 다리, 팔을 만들고, 살과 체액, 깃털과 털, 비늘과 껍질이 뒤엉킨 덩어리에서 인간을 조각했어요. 둥글거나 넓적하게 얼굴을 만들고, 굵고 가는 손가락을 만들고. 언감비쿨라들은 관목숲 붉은 그늘 위를 비껴가는 태양 아래 책상다리를 하고 앉아 열심히 일했어요. 나중에는 손바닥에 물집이 다 생겼죠.

그렇게 언감비쿨라들이 조각한 모든 남자들과 여자들이 이 땅에 살게 되었습니다. 이렇게 해서 '움켜쥔 꿈의 시대'는 끝나고 지상의 시간이 시작된 것이죠."

이야기를 마친 청년은 손가락으로 하늘을 가리켰다.

"저기 흔적들이 보이시죠?"

청년이 가리킨 것은 저녁 하늘에 명주실처럼 길고 섬세하게 펼쳐진 새털구름이었다.

"저게 바로 우리 조상이에요. '움켜쥔 꿈의 시대'의 잔재들이죠. 하지만 조상들의 흔적은 하늘에만 있는 게 아니에요. 이 바위를 보세요."

청년은 바위틈에 자란 이끼무더기를 손가락으로 가리키며 말했다.

"이것도 우리 조상들이에요."

그는 이번엔 호박석 한 조각을 가리켰다. 그러고는 얼굴이 둘로 쩍 갈라져 보일 만큼 입을 활짝 벌리고 웃었다.

"보세요, 그냥 꿈이 아니라니까요."

해가 지고 벌써 한 시간이나 지났지만, 청년의 두 눈은 더욱더 빛나기 시작했다.

아스테크 신화

벌새 깃털 한 뭉치

텅 빈 하늘 아래, 깊고 검은 물속에서 코아틀리큐가 헤엄치고 있었다. 이는 태초가 시작되기 이전의 일이다.

하늘을 바라보고 누워서 발가락으로 가볍게 물장구를 치던 코아틀리큐는 텅 빈 하늘에 생동감을 주기 위해 달과 수많은 별들을 창조했다.

땅의 여신 코아틀리큐는 딸을 하나 낳아 코욜하우키라고 이름 지었다. 코욜하우키는 하늘로 올라가서 천체의 운행을 다스렸다.

어느 날 평소처럼 산책하던 코아틀리큐는 나무 아래서 주운 벌새 깃털 한 뭉치를 치마 속에 넣고는 계속 길을 거닐었다. 코아틀리큐가 임신했다는 사실을 깨달은 것은 그로부터 한참 후의 일이었다.

"아이 아버지가 누구예요?" 코욜하우키는 입 속에서 사나운 폭풍우가 휘몰아칠 기세로 화를 냈다. 거짓을 모르는 코아틀리큐는 치마 속에 집어 넣은 벌새 깃털 뭉치가 아이 아버지라고 딸에게 솔직히 털어놓았다.

"말도 안 되는 소리!" 코욜하우키의 화는 가라앉지 않았고, 천국의 신전을 받치고 있는 기둥들이 종잇장처럼 흔들렸다. 코욜하우키는 불명예를 씻을 방법은 단 하나밖에 없다고 생각했다. '어머니를 죽여야 해.'

새 한 마리가 날아와 코아틀리큐에게 딸의 음모를 일러주었다. 우물쭈물할 때가 아니었다. 코욜하우키가 벌써 그녀를 찾아나섰을 게 분명했다. 코아틀리큐는 서둘러 도망쳤지만 빨리 달릴 수 없었다. 불룩 나온 배의 무게로 허리가 뒤로 젖혀져 너무나 고통스러웠기 때문이다. 코욜하우키의 모습이 언덕 위에 어른거렸다.

"두려워하지 마세요, 저는 준비 됐어요." 이런 목소리가 코아틀리큐의 뱃속에서 들려왔다. 이윽고 불꽃이 이글거리는 검, 칼자루를 거세게 움켜쥔 주먹, 굵은 팔, 넓은 어깨가 차례로 빠져나왔다. 태양의 신 후이치포크틀리가 탄생한 것이다. 그는 불의 검 히우코아틀을 들고 있었다. 태양신은 검을 들어 번쩍이는 번개를 내리꽂아 코욜하우키를 죽였다. 두 동강난 여신의 윗몸둥이는 하늘로 던져졌고, 아랫배와 두 다리는 바다 속에 나뒹굴었다. 천둥소리에 일어난 물과 거품막이 땅을 이루었다.

후이치포크틀리는 황금빛 눈으로 어머니를 바라보았다. 그는 하늘로 올라가 달과 별을 다스렸다. 코아틀리큐는 땅으로 내려와 땅 위에 과실이 열리도록 했다. 후이치포크틀리의 말은 곧 신의 말씀이었으니, 모든 것이 그의 말대로 되었다.

코아틀리큐는 아들을 또 하나 낳았다. 온몸이 깃털로 덮인 뱀 케찰코아틀이었다. 그는 물음표 모양으로 몸을 말고 회색 재로 몸을 감쌌다. 케찰코아틀이 인간을 창조했다.

땅은 최초의 주민들에게 무한한 풍요를 선사했다. 인간이 손을 벌리기만 하면 땅은 모든 것을 주었다. 공중에 팔만 뻗으면 과일이 저절로 손 안에 들어왔다. 나뭇가지들은 인간을 향해 몸을 숙였고, 강물은 굽이를 바꿔가며 인간의 입을 축여주었다.

그러자 인간은 탐욕스럽고 변덕스럽게 변했다. 신을 잊은 인간은 거만해졌다. 인간은 자신들이 만물의 주인이라 여겼다. 케찰코아틀은 궁핍과 고통을 모르는 오만한 인간들을 쓸어버리기로 결심하고 대홍수를 준비했다.

단 한 쌍의 부부만이 이 땅의 모든 풍요로운 결실에 감사하며 충실히 신을 섬겼다. 여자의 이름은 네나이고, 남자의 이름은 테타였다. 두 사람은 매일 아침 저녁으로 하늘을 향해 두 팔을 뻗었다. 그들은 풍요로움 속에 나타난 신들의 모습을 발견했다. — 케찰코아틀, 후이치포크틀리, 코아틀리큐들.

케찰코아틀은 하늘가에 똬리를 틀고 땅에 머리를 대고 네나와 테타에게 말했다. "속이 움푹 팬 커다란 나무를 찾아 떠나라. 나무를 찾으면 그 안에 들어가 숨어라. 옥수수 한 톨만을 가져가라." 부부는 그 말에 순종했다.

두 사람이 나무 안으로 미끄러져 들어가자마자 지평선 너머에서 거대한 파도가 일어났다. 파도는 하늘에 맞닿을 만큼, 믿을 수 없으리만치 높이 솟아올랐다. 파도 꼭대기가 낮게 걸린 별까지 다다랐다. 파도는 일순 멈추었다가 순식간에 세상을 덮쳐, 땅 위에 있는 모든 것을 삼켜버렸다. 자신이 만물의 주인이라 믿었던 모든 남자와 여자가 물고기로 변했다. 오늘날까지 그들은 그물이나 낚싯바늘에 걸리는 신세가 되었다.
　대홍수 속에서 살아남은 네나와 테타는 아스테크와 스페인을 비롯한 모든 사람들의 조상이 되었다.

하지만 땅은 새 인류에게 너그럽지 않았다. 인간은 땅이 주는 풍요로움의 가치를 배우기 위해 땀을 흘려야 했다. 땅을 향해 머리를 숙이고, 몸을 굽히고, 참고 기다리는 법을 터득해야 했다. 인간은 이른 새벽 찬바람을 맞으며 물을 찾아 강가로 나섰다. 그리하여 마침내 어느 날 아침, 정성들여 키운 나무에서 자라는 열매 하나를 찾아냈다.

코아틀리큐는 수확의 대가로 제물을 요구했다. 인간들은 매년 농사가 시작되어 나뭇가지를 치고 땅에 씨를 뿌리고 파종을 위해 빗물을 모을 때, 인간의 심장 하나를 바쳐야 했다. 코아틀리큐는 제물로 바친 심장들을 엮어 옷을 해 입고, 잘린 손들은 목에 걸었다. 머리는 해골로 장식하고, 뱀으로 짠 치마를 입고, 팔과 다리는 맹수의 발톱으로 장식했다. 한 해라도 여신에게 심장을 바치지 않으면 땅은 바싹 메말라버렸다. 그래서 인간은 한 해도 거르지 않고 여신에게 제물을 바쳤다.

켈트족 신화

검둥이 아팡

인류의 어머니 케리드웬의 셋째 아들 아팡은 흉측함 그 자체였다. 아팡의 얼굴은 쥐처럼 길쭉했다. 아니, 실은 쥐보다 더 홀쭉한 데다 지독한 혐오감마저 주었다. 악다문 이빨 사이로 음흉함과 잔인함이 도사린 인상이었다. 등에는 기형적으로 혹 같은 살덩이가 튀어나와 있었는데, 아팡이 다 자라 몸의 골격이 완전히 자리 잡았을 때는 꼬리처럼 길게 늘어져 내렸다. 그것 때문에 아팡의 걸음걸이는 뛰는 듯 기는 듯 경중경중 어설프기 짝이 없었다. 양팔과 두 다리는 가녀린 몸통에 달라붙어 있어서, 아팡은 땅바닥에 몸을 질질 끌고 다녔다.

아팡은 몇 시간이고 어머니와 형제들을 피해 숨을 만한 장소, 사라질 수 있는 곳을 찾아다녔다. 무성한 덤불숲 속으로 기어들다 가시에 살이 찢기

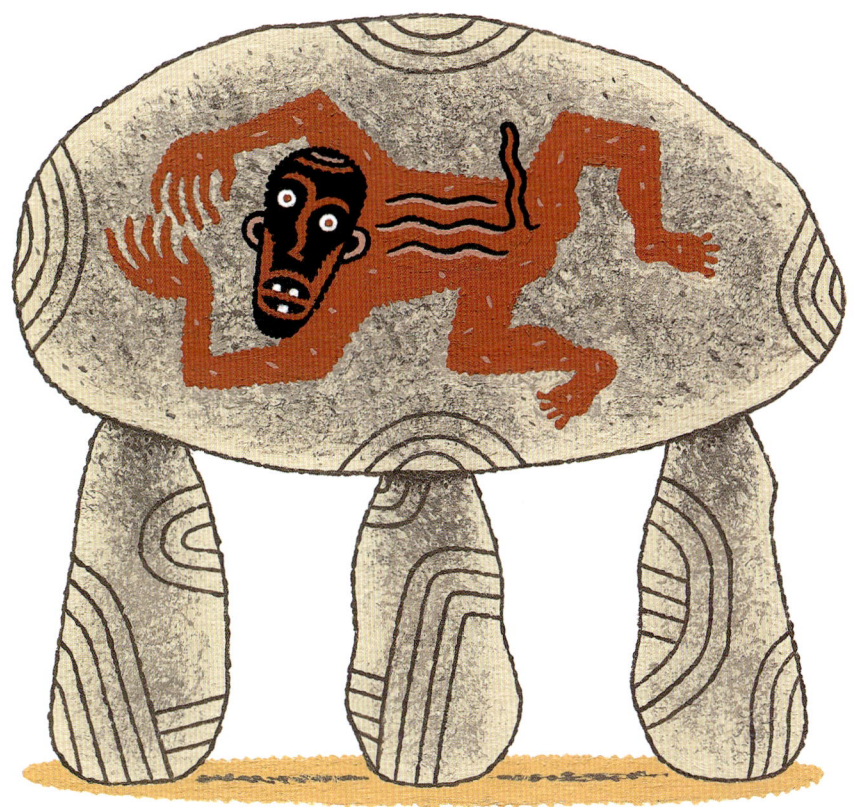

기도 했다. 아팡은 자기를 보는 사람이 아무도 없다는 확신이 들어야 마음이 편안해졌다. 그러고 나면 땅바닥에 엎드려 풀잎에 입을 포개고 흐느껴 울었다.

외로움이 깊어질수록 아팡의 마음은 점점 굳어만 갔다. 아팡은 자기 가족만이 아니라 땅 위의 모든 남자와 여자를 증오하기 시작했다. 그는 모든 사람들이 물이 펄펄 끓는 커다란 가마솥 안에 빠져 있는 상상을 했다.

'모두들 나를 향해 작은 두 팔을 뻗을 거야. 그러고는 용서를 구하겠지. 하지만 절대 용서해주지 않을 거야.'

원망이 깊어질수록 아팡의 피부색은 검게 변했다. 심장 위로 번져가는 검은색을 아무래도 감출 수가 없었다. 나중에는 피부 위에 숯검댕을 한꺼풀 칠해놓은 것만 같았다. 사람들은 그를 검둥이 아팡이라고 불렀다.

아팡은 밤마다 은신처를 찾아 헤맸다. 무거운 몸뚱이를 이끌고 숲을 불쑥불쑥 지나칠 때마다 나무들이 뿌리째 뽑혀나갔다. 그가 지나간 길은 검은 선을 그어 땅 위에 있던 것을 모두 지워버린 듯했다.

아팡은 더 이상 자기 모습을 보거나 자신의 흉측한 몸을 느끼고 싶지 않

앗다. 가슴이 터질 듯이 밀려드는 쓰디쓴 증오심도 견딜 수 없었다. 아팡은 호수로 뛰어들었다.

그러자 대홍수가 시작되었다. 불어난 호수의 물은 거대한 물결이 되어 나무, 짐승, 인간 등 서 있는 모든 것을 휩쓸며 마을을 덮어버렸다. 호수 깊이 가라앉은 검둥이 아팡이 바닥에서 몸을 뒤척였다. 아팡의 거대한 몸이 움직일 때마다 산 정상을 덮칠 정도로 높은 파도가 일었다.

단 두 사람만이 간신히 쪽배에 몸을 던져 대홍수에서 살아남았다. 넘실대는 파도 위를 떠 가는 모양새가 버찌씨에 달라붙은 진딧물과 다를 바 없었다. 두 사람은 용맹한 신 휴 가다른을 소리쳐 부르며 도움을 호소했다.

절망의 깊이만큼 울부짖음도 격렬했다.

마침내 그 외침이 신의 귀에 들렸다. 무슨 일인지 살피러 온 휴 가다른은 온 세상이 물에 잠긴 모습을 바라보았다. 호수 바닥에 어른거리는 아팡의 모습도 눈에 들어왔다. 휴 가다른은 절망에 빠진 여자와 남자에게 안심하라 이르고는, 두 손가락을 입술에 넣고 하늘을 향해 휘파람을 불었다. 거대한 대륙만큼 튼실한 전설의 황소 두 마리가 나타났다. 궁륭 같은 멍에를 쓰고 있는 황소의 양 뿔에 별들이 걸릴락 말락 했다.

휴 가다른은 두 황소의 멍에에 긴 사슬을 매달아 아직 물에 잠기지 않은 마지막 땅뙈기로 내려보냈다. 그리고 사슬을 호수 바닥에 던졌다. 사슬이 아팡의 몸에 휘감겼다. 두 황소와 검둥이 아팡 사이에 힘 대결이 펼쳐졌다. 황소들의 배에서 목까지 굵은 심줄이 불끈불끈 솟아올랐다. 황소들은 검둥이 아팡을 물 밖으로 꺼내기 위해 있는 힘을 다했고, 검둥이 아팡은 악을 쓰고 발버둥치며 저항했다. 물이 부글부글 끓어올랐다.

밤새 계속된 힘겨루기는 그 다음 날 온종일 이어졌고, 또 다시 밤새도록 계속되었다. 마침내 황소들은 검둥이 아팡을 물 밖으로 끌어올리는 데 성공했다. 곧바로 수위가 낮아지고 육지가 드러났다. 황소의 등에서 솟아난 땀이 증발되어 올라가며 구름을 이루어 지평선을 뒤덮었다. 황소들은 숨을 고르지 못하고 한참 다리를 후들후들 떨다가 그 자리에 쓰러져 결국 탈진해 죽었다.

휴 가다른은 검둥이 아팡의 곁에 웅크리고 앉았다. 아팡 역시 싸움에 지쳐 숨을 거둔 후였다. 휴 가다른은 검둥이 아팡에 대해 잘 알고 있었다. 그의 못생긴 외모는 인간들만이 아니라 신들 사이에서도 전설적이었다. 가까이서 들여다보니 정말로 역겨움을 참을 수 없을 만큼 끔찍하게 추했다. 하지만 휴 가다른은 차갑게 식은 아팡의 흉측한 입가에서 엷은 미소의 흔적을 발견했다. 아팡은 살아 있는 자들은 모르는 미지의 세계, 더 이상 못생긴 외모나 증오심을 견디지 않아도 되는 세계로 떠난 것이다.

   세상은 휴 가다른의 따뜻한 시선 아래 다시 번성하였다. 신은 인간에게 율법을 내렸다. 뱀처럼 움직이고, 뱀이 무는 것처럼 즉각적인 정의를 인간들에게 가르쳤다.

중국 신화

반고의 고독

화가가 둥근 획을 한 번 그어 알 모양을 그린다. 그 안에는 하늘과 땅이 뒤엉켜 있다. 공기는 땅 속에, 땅은 하늘 속에 갇혀 있다. 뭐라 묘사할 수 없는 그 물질은 화가의 붓끝만이 잡아낼 수 있거나, 혹은 오래된 시의 언어로만 표현할 수 있을 것이다.

우주는 이 알이다. 땅은 하늘과 한몸을 이루고 있다. 숨쉬는 땅과, 손가락 끝으로 쓰다듬어지는 하늘. 알 안에서는 아무것도 생기지 않고, 아무것도 죽지 않는다. 어떤 사건도 어떤 소멸도 없다.

그 한가운데에 오직 반고만이 존재한다. 반고는 알 속에서 일만 팔천 년 동안 자라난 거인이다. 하지만 반고는 완전히 혼자였으니, 그가 진짜 거인인지 아닌지는 사실 아무도 모른다. 그렇게 말하려면 그와 비교할 만한 다

른 존재들, 훨씬 더 작은 존재들이 있어야 할 것이다. 그래야만 그와 나머지 사람들을 번갈아 쳐다본 후 '반고는 거인이다'라고 말할 수 있을 것이다. 반고는 거인이 아니라 단지 홀로 존재할 따름이었다.

반고는 도끼를 한 번 휘둘러 알을 하늘과 땅으로 나누었다. 땅이 하늘과

분리된 것이다. 하늘은 올라가고 땅은 넓게 뻗어나갔다. 화가의 둥근 획은 수평으로 누워 땅과 하늘을 구분한다. 그 중앙에 반고가 있다. 반고가 양 팔을 뻗으니 하늘이 높아만 간다.

땅과 하늘이 적당한 거리만큼 떨어지자, 반고는 손바닥으로 하늘을 받치고 발로 땅을 딛었다. 하늘과 땅은 위아래로 점점 넓게 퍼져나간다. 실눈을 뜨고 보면 둘을 가르는 긴 수평선을 볼 수 있다.
알은 모난 곳 없는 넓은 평면이 된다. 화가가 그은 획은 아주 기나긴 등호가 된다. 이렇게 말이다.

━━━━━━━━━━━━━━━━━━━━━━━━━━━━━━━━
━━━━━━━━━━━━━━━━━━━━━━━━━━━━━━━━

땅은 한 장의 종이처럼 보인다. 종이와 마찬가지로, 땅은 하나의 약속이다. 거기에 무엇이든 새겨 넣을 수 있기 때문이다.

그런데 그만 사건이 일어나고야 말았다. 힘을 너무 많이 쓴 반고는 땅에 쓰러져 잠이 들었고, 다시는 깨어나지 못했다. 반고의 죽음에 눈물을 흘리는 이는 없다. 반고의 죽음은 슬픈 일도 기쁜 일도 아니기 때문이다.

서서히, 아주 서서히 반고의 두 눈이 반짝이며 하늘로 떠오르더니 하나는 달이 되고 다른 하나는 해가 된다. 두개골은 흙으로 덮여 최초의 산이 된다. 반고의 배, 양 팔, 양 다리는 언덕, 산, 골짜기, 봉우리가 된다.

　녹아내린 반고의 지방은 강, 내, 개울을 이루고, 움푹 팬 뼛속에는 대양, 바다, 호수가 생긴다. 머리카락과 털은 나무와 다양한 식물이 된다. 반고가 죽기 전 내뿜은 숨결이 바람과 구름이 되고, 그가 죽기 전 힘을 쓰며 내뱉은 목소리는 천둥이 되었다.

　반고의 머리카락과 털과 몸에 들끓던 벼룩 등속은 동물, 정령, 유령, 최초의 인간이 된다.

　이렇게 세상이 만들어지자, 화가는 긴 두루마리 위에 옹이 진 나무들, 원추형의 산들, 숨겨진 길을 따라 굽이굽이 흘러가다 멀리 계곡 뒤로 다시 나타나는 강을 그린다. 그 모든 게 단 하나의 획 속에 얽혀 있다. 그어진 획은 하나의 문자가 된다. 이렇게 세계는 눈에 보이는 세계와 문자로 적힌 세계, 두 개의 세계가 된다. 우리가 발 디딘 현실세계가 중국 화가의 긴 두루마리 위에서 구불구불한 하나의 획으로 요약된다.

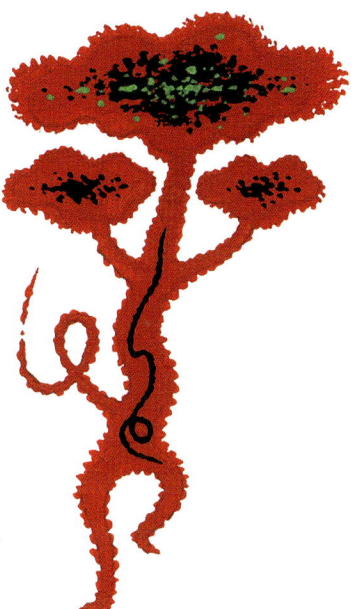

말리 도곤족 신화

하늘이 노했다

암마가 왜 땅을 창조했는지, 그리고 왜 땅과 몸을 섞었는지는 지금도, 또 앞으로도 영원히 알 수 없을 것이다. 물론 다음과 같은 질문에 답하기도 영원히 불가능할 것이다. 왜 암마는 땅을 창조하기 위해 이곳, 다른 곳이 아닌 바로 여기를 선택했을까?

암마는 어둡고 텅 빈 곳에서 왔다. 훗날 자만심에 가득 찬 인간은 자기네가 알 수 없는 신비 같은 건 존재하지 않는다고 확신하며 그곳을 '극한'이라 부르기 시작했다. 인간은 하늘을 바라보고 아무것도 보이지 않으면 '극한'이라 말했다. 간혹 하늘에서 불이 번쩍이곤 하는데, 인간은 천체망원경으로 이를 보고는 모든 것을 이해했다고 믿는다. 그러나 사실 그들은 아무것도 이해하지 못한다. 저 위의 우주가 노여워하고 있다. 하늘은 인간의 말

에 아랑곳하지 않는다. 인간이 어떻게 '극한'이라는 단어를 만들어냈는지, 그 단어의 라틴어 어원이 무엇인지 따위엔 관심도 없었다. "하늘이 노했다."고 천문학자들은 말했으리라.

인간은 이 세상이 어떻게 창조되었는지 잘 안다고 믿는다. 인간은 세계가 격렬한 충격, 행성의 충돌과 태양의 폭발로 탄생했다고 믿는다. 인간은 복잡하기 짝이 없는 오랜 계산 끝에 '빅뱅'이라는 것을 고안해냈다. 빅! 뱅! '극한'에서 태양이 폭발하며 내는 소리를 상상해 만든 말이다. 그렇게 인간의 입에서 하늘은 아주 멋지고 정연한 공식이 되었다. 하지만 현실에서 하늘은 더 이상 아무것도 아니다. 현실은 잔인하고 암울하며 혼돈만이 가득 차 있기 때문이다.

인간이 옛날부터 지금까지 알고 싶어 하지 않는 사실은, 인간이 만물의 창조자인 암마의 주먹질과 허리힘으로 태어났다는 것이다. 이 이야기가 도곤족이 우리에게 가르쳐주는 진실이다.
행성간의 충돌은 암마의 주먹질이었고, 태양의 폭발은 암마의 허리힘이었다.

암마는 땅을 창조하고는 땅과 몸을 섞고자 했다. 그는 짝짓기를 하기 위해 땅 위로 몸을 뻗었다. 하지만 땅은 암마의 포옹에 저항했다. 둘은 싸움을 벌였고, 힘겨루기는 한동안 계속되었다. 싸움은 결국 암마의 승리로 끝났고, 땅은 오고와 쌍둥이 놈모 남매를 낳았다.

 오고는 쌍둥이 남매를 몹시 질투했다. 자신은 동무도, 쌍둥이 누이동생도 없어 늘 혼자 놀았기 때문이다. 오고가 울어도 두 뺨에 흐르는 눈물을 닦아주는 다정한 손 하나 없었고, 오고가 웃어도 웃음소리에 귀 기울여주는 이 하나 없었다. 오고의 웃음소리는 늘 외롭게 공중으로 떠올라 허공 속에 사라져갔다.
 오고는 더 이상 웃지 않았다. 몸과 마음 속 깊이 뿌리 내린 지독한 질투심과 분노 때문에 생식력도 잃었다. 복수를 결심한 오고는 두 주먹으로 땅을 두들겨 패고 그 위로 온몸을 덮쳐 거세게 내리누르며 자기 성기를 집어넣으려 했다. 그는 먼지구름 속에 잠겨 긴 신음소리를 내질렀다. 사냥꾼의 그물에 걸린 상처 입은 한 마리 짐승처럼 땀을 흘리며 몸을 부르르 떨었다. 오고의 주먹질이 어찌나 난폭했던지 땅은 붉은 피를 흘리기 시작했다. 김을 내뿜는 붉고 거센 물결이 산과 계곡을 타고 내려와 골짜기 안으로 쏟아져 내렸다. 붉은 강물은 지나는 길목마다 모든 것을 태워버렸다. 땅의 살갗을 뚫고 나온 이 강물에서 지하세계의 요정인 예반족과 안둠불루족이 태어났다.

 인간이 복잡한 계산을 통해서 밝혀냈다고 생각하는 것은 사실 암마의 폭

행, 상처 입은 땅, 오고가 자기도 쌍둥이 누이동생을 갖고 싶어 저지른 근친상간, 용암처럼 흐르는 붉은 강에 지나지 않는다. 빅뱅은 행성간의 충돌이나 태양 같은 별들의 폭발이 아니었다. 사실 빅뱅은 앙심과 질투, 분노로 얼룩진 신들의 일이었다.

　강물의 분노가 조금씩 진정되고, 땅 위로 수증기가 자욱하게 깔렸다.
　암마는 더 높은 허공에 별들을 창조했다. 우주 공간에 아주 미세한 씨앗을 흩뿌린 것이다.
　암마는 점토를 빚어내고 구워 두 개의 사발을 만들었다. 그리고는 하나는 붉은색 구리로, 또 하나는 흰색 구리로 테를 둘렀다. 사발은 각기 태양과 달로 변했다. 피부가 검은 사람들은 태양빛 아래에서 태어났고, 피부가 하얀 사람들은 달빛 아래에서 태어났다.

　땅에 넘쳐흐르던 강물이 원래의 물길로 돌아가 완전히 잔잔해지고, 성났던 만물이 평온해지자, 검은 피부의 사람들과 하얀 피부의 사람들이 땅 위로 성큼성큼 행진해 나갔다.
　한참을 걸어 사막을 가로지르고, 바닷가를 따라 걷고, 많은 산을 넘고, 대양을 끝없이 떠내려가는 빙산과 마주친 후, 인간은 나무그늘 아래 멈추어 섰다. 그리고 멈추어 선 자리에 무언가를, 예를 들어 끝에 천 조각이나 가죽 조각을 매단 나무막대 따위를 꽂아놓았다. 이는 바로 그곳이 자신들

의 땅이라는 뜻이었다. 인간은 그렇게 수천 개의 도시를 건설했다.

하늘의 눈은 그 모든 것을 지켜보고 있었다. 인간의 행진, 도시의 확장, 솟아오르는 수많은 탑, 첨탑과 종탑. 하늘은 인간들의 오만함에 몇 번이나 무섭게 분노했다. 그럴 때마다 탑들이 무너지고, 도시는 불길에 휩싸이거나 물에 잠겼다. 그럴 때마다 지구 방방곡곡의 천문학자들은 암마가 남긴 유일한 진실을 중얼거렸다.

"하늘이 노했다."

나이지리아 에피크족 신화

아바시와 아타이

잔뜩 흐린 일요일처럼 끝없이 지루하게만 느껴지던 어느 날, 아바시는 여자와 남자를 하나씩 창조했다. 아바시는 손으로 입을 가리며 하품을 하고는 그들을 '인간'이라 명명했다. 아바시는 두 인간을 어찌해야 할지 몰랐다. 그러자 아바시의 아내 아타이가 다가와 속삭였다. "당신이 창조한 푸른 땅으로 보내면 되겠네요. 거기에서 조용히 잘 지낼 거예요. 그럼 우리도 하루 종일 애들 뒤치다꺼리로 성가실 일 없잖아요."

아바시는 그게 좋은 생각인지 확신이 들지 않았다. 하지만 그는 깊이 생각하기가 귀찮았다.

'사실 그렇게 못할 것도 없지.'

이 새로운 창조물이 땅을 경작하거나, 사냥하거나, 스스로 생산 활동을

하지 않도록 아바시와 아타이는 매일 저녁 두 사람을 식사에 초대했다. 아바시는 이들을 '내 아이들'이라 부르며 머리를 쓰다듬어주었다. 아타이는 풍성한 요리를 내왔다. 식사시간은 늘 즐거웠다. 아바시는 이 두 인간으로 인해 마음 한구석이 따뜻해졌다고 생각하곤 했다.

사실 그의 눈에 두 인간은 조금 멍청해보였다. 하지만 아바시는 그들이 영리해지기를 결코 바라지 않았다. 아바시는 여러 가지 충고를 아끼지 않았으나 두 사람은 한 귀로 듣고 한 귀로 흘려버렸다. 포도주를 조금 주자 좋아하는 듯했다. 두 사람의 서투름과 순진함은 신의 마음을 뭉클하게 했다. 아바시는 안락의자에 편히 앉아 깊은 숨을 내쉬었다. 그는 행복했다. 두 사람이 돌아갈 때가 되면 아바시와 아타이는 늘 작별의 순간을 아쉬워했다.

땅 위에서 남자는 매일같이 개오동나무 그늘 아래 길게 누워 지냈다. 식사시간에 어떤 음식들이 나올까, 어떤 맛있는 포도주를 마시게 될까를 생각했다. 하지만 여자는 몰래 정원을 가꾸었고, 집 뒤 언덕에서 채소와 과일을 재배했다.

어느 날 아침, 여자는 마침내 먹을 것을 수확했다. 그날 아바시와 아타이의 저녁식탁에 그들은 오지 않았다. 음식은 식어갔고, 아바시는 양 손으로 머리를 움켜쥐었다.

다음 날 아침, 푸른 땅 위로 자욱한 안개가 깔렸다. 잠에서 깬 여인은 남자를 불러 집 뒤 언덕으로 가자고 했다. 돌아올 때 두 사람은 서로의 손을 꼭 붙잡고 있었다. 여자는 아이를 가졌다.

"두 사람을 땅 위로 내보내다니, 거 참 좋은 생각이었군!"

아바시는 계속 징징대는 소리를 해댔다.

"지들끼리 먹고 마실 것을 모두 다 찾아냈잖아. 우리 아이들, 우리 '인간들'이 우리 없이도 살아가는 방법을 터득했어. 저기 좀 봐!"

남자와 여자가 집 안마당에 다정히 기대어 서 있고, 그들 사이에서 태어난 세 아이들이 먼지를 일으키며 뛰놀고 있었다. 아바시와 아타이는 그 위로 몸을 굽혀, 아이들의 웃음소리와 두 연인의 다정한 대화를 엿들었다.

터져나오는 울음에 아바시의 너른 어깨가 들먹거렸다. 아타이는 아바시를 꼭 껴안았고, 그를 달래기 위해 이 땅의 인간들에게 질투와 죽음을 보냈다. 인간들은 결국 신들을 그리 쉽게 저버릴 수 없다는 사실을 뼈저리게 깨닫게 될 터였다.

이집트 신화

소하그 시인의 노래

옛 이집트 사람들은, 갈대처럼 겉은 매끈하고 속에는 연한 심이 꽉 찬 굵은 파피루스 줄기로 종이를 만들었다. 줄기를 여러 조각으로 잘라낸 후 서로 덧붙여 연결하면 투박한 긴 두루마리 하나가 완성된다. 그 위에 그들은 이렇게 적어나갔다.

소하그 시인이 노래한다. 그때는 신들의 상상 속에 아직 헬리오폴리스, 멤피스, 헤르무폴리스, 테베가 존재하지 않았던, 나일강 이전의 시대였다. 잔물결도 없는 검은 물이 사방에 흐르고 있었다. 수면을 흔드는 작은 일렁임조차 없었다. 이 원초적 물의 이름은 '누'였다.

소하그 시인은 아툼의 탄생을 이렇게 노래했다.

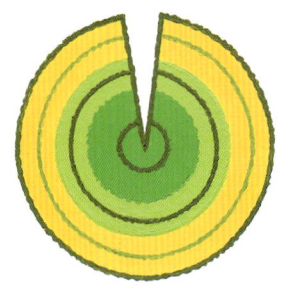

"그리하여 모든 것이 시작되는 숨죽인 태초의 순간, 대양의 신 누의 가장 깊은 곳에서 산이 하나 솟아오르니 그 위로 연꽃 한 송이 피어 있도다. 한줄기 빛이 꽃잎 밖으로 새어나오도다.

어찌 잊으랴, 찬란한 빛을 발하는 산이 잔잔한 물 위에 떠 있는 형상을."

시인은 노래했다.

"아침이 되자 연꽃 봉오리가 열리고, 아툼이 모습을 드러내었노라. 연꽃 한가운데 몸을 웅크린 신이 잠들어 있었나니. 그의 몸은 등불과 같았으니, 자신의 몸을 비추고, 산허리를 비추고, 또 바다를 비추었도다.

연꽃 봉오리가 닫히니, 곧 밤이라. 아툼은 연꽃의 꽃잎들, 잎사귀들 속으로 사라졌노라."

이렇게 매일 아침 연꽃 봉오리가 열렸고, 아툼은 등불처럼 자기 몸으로 사방을 비추었다. 시간이 지나 산 위가 선선해지면 꽃잎들은 서서히 꽃봉오리를 닫았다. 어둠이 점점 짙어지며 저녁이 깊어갔다. 꽃봉오리가 완전히 닫히면 비로소 밤이 되었다.

소하그 시인은 또 이렇게 노래했다.

"아툼이 침 뱉으니, 여신 테프누트가 창조되었다. 아툼이 기침하니, 남신 슈가 창조되었다."

테프누트와 슈는 하늘의 여신 누트와 땅의 남신 게브를 낳았다. 게브는 위로 펼친 엄지손가락 끝부터 아래로 뻗은 엄지발가락 끝까지 이집트 땅의 모습 그대로였다.

"하늘의 여신 누트의 몸은 별빛 총총하고 짙푸르렀으니, 누트가 이집트의 땅 게브의 몸 위로 그 몸을 뉘었도다. 남매는 꼭 껴안고 포옹 속에 서로의 몸을 뒤섞었도다. 둘 사이, 하늘과 땅 사이에는 다른 생명이 자리잡을 공간이 전혀 없었음이라."

아툼은 자신의 창조물에 매우 흡족해했다. 신들은 활기에 넘쳤고 본격적으로 생명을 탄생시킬 준비가 되어 있었다. 그때 아툼의 눈에 누트와 게브의 포옹이 보였다.

"아툼은 크게 진노하였으니, 이러한 포옹은 자연을 거스르는 일이기 때문이라. 누트와 게브는 남매지간이었으니, 이와 같이 서로 몸을 부대끼는 것은 용납할 수 없음이라. 서로 몸을 맞대다니, 마치 연인처럼."

아툼은 대기를 다스리는 남신 슈에게 누트를 게브에게서, 게브를 누트에게서 떼어놓으라고 명령했다. 슈는 즉각 명령을 수행했다. 하지만 소하그 시인의 노래를 들어보라. 누트는 도저히 연인이요 남동생인 게브에게서 멀어질 수가 없었다.

"누트는 두 발끝으로 게브의 발끝을, 두 손끝으로 게브의 손끝을 맞잡은 채, 등이 구부러져 활처럼 몸이 휘도록 이집트의 땅 게브의 몸 위에서 멀리 끌려올라갔으니. 누트는 그렇게 지난날 사랑의 흔적을 간직하였노라.
하늘 누트와 이집트의 땅 게브 사이에 나일강이 물길을 열었으니, 강가에는 최초의 파피루스 가지가 뻗어 나왔고, 바로 그 위에, 이 푸른 아침, 내가 글을 쓰노라."

최초의 인간을 만든 것은 숫양의 머리를 가진 신 크눔이었다. 크눔은 정교하고 복잡한 작품을 만드는 기술의 달인으로 통했다.

"도자기 물레 위에서 크눔은 여자들과 남자들을 빚어냈노라. 그 솜씨 경이롭도다. 노련하게 놀리는 손가락 사이로 두 발부터 머리끝까지 올라가며 형상을 드러내는 이 작고 작은 존재들. 크눔은 모두 알고 있었나니, 뼈를 만드는 기술, 내장을 만드는 기술, 피를 만드는 기술, 살을 만드는 기술을."

크눔이 만들어낸 인간들은 나일강변에 정착하였다. 인간은 섬세하면서도 강하고, 연약하면서도 굳셌다. 때론 거세어지는 나일강의 물결도 조정할 줄 알았고, 정교하기 이를 데 없는 상형문자를 새길 줄도 알았다. 소하 그 시인은 이 두 가지 소양이 서로 동떨어진 별개의 것이 아니라는 사실을, 파피루스에 기록된 글이 나일강의 일꾼들에게 활력을 준다는 사실을 알려주며 노래를 끝맺었다.

하와이 신화

밝아오는 나날

　태초에는 칠흑 같은 어둠이 거칠 것 없이 펼쳐져 있었다. 깊고 강렬한 어둠만이 존재했다. 그 어둠이 어떠했는지 조금이나마 느껴보고 싶다면, 눈꺼풀을 꼭 닫고 빛 한 줄기도, 희미한 소리도 절대 통과하지 못하도록 두꺼운 띠로 얼굴을 칭칭 감아보라. 그러면 쿠물리포와 포엘레의 눈앞에 펼쳐진 암흑세상이 과연 어떠했는지 알 수 있을 것이다. 좀 멋없긴 하지만, 그들의 이름을 번역하면 쿠물리포는 '어둠의 정수' 포엘레는 '어둠 그 자체'를 뜻한다.

　쿠물리포와 포엘레는 완전한 암흑 속에서 살아가는 생명체를 만들었다. 바닷속 가장 깊은 곳에서 마주치게 되는 연체동물, 달도 뜨지 않는 밤에 자라는 식물, 부드러운 땅속에 굴을 파고 사는 벌레들. 새로운 생명체들이

탄생하자 우주는 조금 덜 어두워 보였고, 어둠의 깊이도 조금 얕아진 것 같았다.

쿠물리포와 포엘레는 풀리울리와 포웨히웨히에게 생명을 주었다. 새로운 생명을 받은 두 존재의 이름은 각각 '깊은 어둠'과 '가녀린 빛이 통과하는 어둠'이라는 뜻이었다. 이번에는 풀리울리와 포웨히웨히가 생명체를 창조했다. 어둑어둑한, 약한 빛이 스미는 깊이에서 살아가는 생명체들이었다. 풀리울리와 포웨히웨히는 빛이 겨우 비쳐드는 차가운 바닷속을 헤엄치는 물고기를 창조했고, 어둠 속에 우글우글 모여 살며 굴속에 몸을 숨기는 동물과 벌레를 만들었다. 이 생명체들이 번식을 거듭하고 세대가 바뀌어감에 따라, 그때까지 어둡기만 하던 우주가 빛을 발하는 것처럼 보였다. 거의 느낄 수 없는 미미한 빛, 차갑고 희뿌연 빛이었지만 그래도 빛은 빛이었다.

풀리울리와 포웨히웨히는 '밤'을 뜻하는 포엘레레와 '여명'을 뜻하는 포하하를 낳았다. 포엘레레와 포하하는 밤의 마지막 시간에 땅에 머무는 존재를 창조했고, 밤에만 피는 꽃을 위해 꽃가루를 나르는 자벌레나방도 창조했다. 그 다음 메뚜기와 송충이를 창조했고, 마지막으로 알을 하나 만들었다. 그 알이 부화하자, 수백 종의 새들이 그 안에서 날아올랐다. 날이 밝기 직전에 들리는 지저귐의 주인공이 바로 이 새들이다. 새와 물고기, 벌레들이 번성해나갔고, 새로운 생명이 탄생할 때마다 조금씩 밝음이 더해지고

어둠이 밀려났다.

세상은 새벽에 바짝 다가와 있었다. 지평선 위로 솟아오르는 붉은 불이 보였다. 붉게 타오르는 형상이 활시위처럼 팽팽하게 긴장되어 떨리고 있었다. 머지않아 낮이 밝아올 것이었다.

포파노파노와 폴라로우웨히가 태어난 것은 바로 이때, 세상이 아직 밤과 낮 사이에서 망설이고 있는 순간이었다. 그들은 바다거북과 갑각류를 비롯하여 그다지 깊지 않은 물, 바닷속이지만 해안에서 그리 멀지 않은 곳, 빛이 훨씬 더 강한 곳, 목만 조금 빼면 머리를 물 밖으로 내고 빛을 흠뻑 받을 수 있는 곳

에 사는 생물을 만들었다.

　이들 뒤를 이어 나타난 존재는 포히올로와 포네아아쿠였다. 그들의 이름은 '밤의 끝'을 의미했다. 이들이 만든 쥐와 돼지는 밤이나 낮이나 먹이를 찾아 움직였다. 세상은 이제 최초의 새벽을 맞이할 준비가 되어 있었다. 포히올로와 포네아아쿠는 태양을 떠오르게 했다. 강렬한 빛이 쏟아졌다. 오랫동안 숨죽여 기다려온 새벽은 단번에 빛을 내뿜었다. 빛은 기다렸던 시간만큼 밝고 강렬했다. 땅바닥의 조약돌 하나부터 제일 높은 산에 이르기까지 온 세계가 빛에 휩싸였다.

　하와이 창세 신화에 따르면, 최초의 남자인 키이와 최초의 여자인 라일라아는 진한 색 피부에 검은 눈동자를 가졌다고 한다. 그들은 새벽녘에 태어났다. 두 사람은 아이를 많이 낳았는데, 밤을 지나 날이 밝아올 무렵에 낳은 아기일수록 피부와 눈동자 색이 더욱 밝아졌다. 정오에 태어난 아이들은 오늘날 태평양 섬의 원주민과 같은 모습이 되었다. 태양에 몸을 부빈 것처럼 금빛 나는 피부와 투명한 눈이 그 증거이다.

이누이트 신화

인간의 위

까마귀 신(神)은 날갯짓 한 번으로 대양을 창조했고, 다시 날갯짓 한 번으로 세계를 창조했다. 까마귀 신은 인간의 모습도 까마귀의 모습도 취할 수 있었다. 자기 몸의 깃털을 부리로 한 번 톡 쪼기만 하면 새에서 인간으로, 혹은 인간에서 새로 변신할 수 있었다. 까마귀 신의 변신은 그야말로 진기한 광경이었다. 깃털 속에서 인간의 얼굴을 끌어내는가 싶으면, 인간의 모습에서 깃털을 끄집어내는 것처럼 보이기도 했다.

까마귀 신이 창조한 세상은 까마귀 깃털처럼 새까만 색이었다. 까마귀 신은 산과 계곡, 얼음산과 얼음평원을 만들어 살을 에는 매서운 바람을 보냈다. 까마귀 신은 콩꼬투리를 땅에 뿌렸다. 닷새가 지나자 그중 한 꼬투리

가 툭 터지면서 인간이 세상에 나왔다. 인간은 목이 마르고 위가 뒤틀려 현기증이 났다. 웅덩이에 고인 물로 목을 축이고 나니 한결 나았다.

  까마귀 신은 전 세계를 누비며 날아다니느라 최초의 인간이 탄생하는 것을 보지 못했다. 까마귀 신은 건조한 땅, 습한 땅, 푸르른 땅, 황갈색 땅, 물에 둘러싸인 땅, 거대한 사막, 언덕, 평원, 호수, 산, 땅으로 둘러싸인 바다, 그리고 너무나 넓어 해안선마저도 넘실대는 푸른 파도 너머로 숨어 보이지 않는 망망대해 위를 날았다.

  그런데 아래에서 뭔가 움직이는 게 보였다. 까마귀 신은 급히 땅으로 내려앉았고, 그렇게 처음으로 인간과 맞닥뜨렸다. 까마귀 신과 인간은 한참 동안 말없이 서로 바라보기만 했다. 인간은 초록 눈으로 까마귀 신을, 까마귀 신은 검은 눈으로 인간을 응시했다.

까마귀 신이 먼저 말했다. "넌 누구냐? 어디서 온 거지?" 까마귀 신의 첫 번째 질문에 인간은 뭐라 답해야 할지 몰랐다. 하지만 두 번째 질문에는 대답할 수 있었다. "이 콩꼬투리에서 나왔어요." 그러면서 터진 채 널브러져 있는 콩깍지를 가리켰다.

까마귀 신의 검은 눈동자가 인간에게서 콩깍지로, 콩깍지에서 인간에게로 옮겨갔다. 이 인간이 저 콩깍지에서 나왔다니, 믿을 수 없는 일이었다. 까마귀 신은 자기가 직접 콩꼬투리를 만들어놓긴 했지만 그 안에 인간이 들어 있을 거라고는 꿈에도 생각지 못했다. 까마귀 신은 인간이 마음에 들었다. 인간은 손가락을 비비 꼬다 머리를 만지작거렸다가 하며 줄곧 자기 맨발만 내려다보았다. 까마귀 신 앞에서 주눅이 들었던 것이다. 까마귀 신은 쉴 새 없이 질문을 해대면서, 인간과 콩깍지를 뚫어져라 바라보았다. 인간의 두 뺨이 빨갛게 달아올랐다.

"배고프지?" 까마귀 신이 물었다.

"그럼요. 이 물만 조금 마신걸요."

인간은 작은 물웅덩이를 가리키며 대답했다.

"여기서 기다려." 까마귀 신이 말했다. 그러고는 하늘로 날아올랐다.

　인간은 나흘을 기다렸다. 마침내 돌아온 까마귀 신은 나무딸기 두 알, 오디 두 알을 부리에 물고 있었다. 까마귀 신은 그것을 인간의 발아래 조심스레 내려놓고는 말했다. "너를 위해 가져온 거야. 이제는 땅 위 사방에서 솟아날 테니, 너는 그냥 따기만 하면 돼."

　인간에게 나무딸기 두 알과 오디 두 알은 한입거리밖에 되지 않았다. 인간은 금방 먹어치우곤 씨익 웃었다. 열매 네 알에서 나온 즙으로 이가 모두 보라색으로 변했지만, 두 뺨은 여전히 백짓장처럼 창백했다. 나무딸기 두 알, 오디 두 알은 한 사람의 식사로 충분하지 않았다. 까마귀 신은 인간이 배불리 먹을 것들을 만들어내야만 했다. 그래서 까마귀 신은 인간에게 다시 오마고 약속한 후 그 자리를 떠났다.

인간에게서 멀리 떨어지자 까마귀 신은 부리로 자신의 몸을 한 번 톡 쳐서 인간으로 변신했다. 그는 살찐 양 두 마리를 점토로 빚어내어 생명을 불어넣었다. 양들은 곧장 초원으로 가서 풀을 뜯기 시작했다. 까마귀 신은 그렇게 수백 마리의 양을 만들었다.

언덕 위에서 풀을 뜯고 있는 양들을 보자 인간은 거기서 눈을 뗄 수가 없었다. 허기진 뱃속에서 꼬르륵 소리가 울려왔다. 인간은 양 떼 가까이 다가가 맨 처음 눈에 띈 양에게 달려들었다. 양털 속에 얼굴을 파묻고 양의 목덜미와 뒷다리를 물어뜯었다.

인간이 단번에 양들을 전부 먹어치우지 못하도록, 까마귀 신은 양들을 산 속으로 보냈다. 그런 다음에 물고기와 새, 그리고 다양한 짐승을 창조하여 날갯짓 한 번으로 그들에게 생명을 불어넣었다. 까마귀 신은 모든 피조물을 인간과 인간의 식탐에서 멀리 떨어뜨려 놓았다. 물고기는 물속에, 새는 공중에 풀어놓았다. 새들은 인간의 손이 닿지 않는 높다란 나뭇가지에 앉아서 쉬었다.

다른 콩꼬투리에서 새로운 인간들이 나왔다. 모두들 얼빠진 모습에 허기져 보였고 하나같이 창백한 얼굴이었다. 콩꼬투리에서 나오자마자 모두들 먹을 것을 찾아 이리저리 뛰어다녔다. 새들을 향해 팔을 뻗으며 허공으로 껑충 뛰어오르는가 하면, 은빛으로 반짝이는 물고기 떼를 보고 강으로 풍덩 뛰어들기도 했고, 양들을 쫓아 산 속이나 절벽으로 난 길을 마구 달려가기도 했다.

까마귀 신은 인간들의 맹렬한 식욕을 누그러뜨리고자 큰곰을 창조했다. 큰곰이 앞발 한 번만 휘둘러도 굶주린 사람 열 명은 너끈히 때려눕힐 수 있었다. 이로써 인간은 두려움을 알게 되었고, 생각하기 시작했다. 인간은 사냥꾼이 되었다.

그러나 사냥꾼이 된 인간은 여전히 굼뜨고 둔하며 거칠었다. 생각 또한 아직 어설프기 짝이 없었다. 짐승을 길들일 생각은 하지 않고 잡아 죽이려고만 들었다. 울타리를 치고 집을 짓는 대신, 긴 막대기 끝에 돌을 달아 무기를 만드는 데만 열을 올렸다. 인간의 하루하루는 짐승들과의 기나긴 싸움의 연속이었다. 인간의 위는 두려움과 배고픔 사이를 끊임없이 오갔다. 콩꼬투리 속에서 최초의 여인이 나와 최초의 지혜를 보여줄 때까지.

북아메리카 이로쿼이족 신화

큰 거북

'빛의 나무'를 상상해야 한다. 첫 번째 가지부터 맨 마지막 가지까지, 수천 개의 나뭇가지에 매달린 잎사귀들은 모두 별 모양을 하고 있었다. 그 아래로는 '끝없는 대양'이 보였다. 이름 그대로의 망망대해 위로, 수십만 개의 반짝반짝 빛나는 잎새들이 비쳤다. 세계창조 이전의 우주가 어떤 모습이었는지 알고 싶다면 이런 광경을 상상하면 된다.

하늘 정령 수호자와 그의 아내는 '빛의 나무'에서 살고 있었다. 그 나뭇가지에 보금자리를 꾸몄으니, 그들의 머리 위에서는 모든 게 빛을 발하고 발 아래로는 별빛 수놓인 짙은 바다가 그들의 시선에 화답했다.

세계를 나타나게 한 첫 번째 사건은 폭풍우였다. 거센 바람이 일어 '빛의 나무'를 오랫동안 격렬하게 뒤흔들었다. 나무가 뿌리째 뽑혀나가고, 반짝이

는 불빛도 모두 꺼졌다. 나무가 있던 자리에는 단지 거대한 구멍만이 남았다. 하늘 정령 수호자의 아내는 나뭇가지에서 미끄러져 그 구멍 속으로 빠졌다.

구멍은 넓은 만큼이나 깊어서, 여자는 한참 동안 소리도 없이 계속 추락했다. 아래로 '끝없는 대양'이 가까워지고 있었다. 검은빛 바닷물에서는 거품이 일었다. 여자가 유성처럼 물속으로 풍덩 빠지려는 찰나, 물고기가 날아올라 양 날개 사이로 여자를 꼭 붙잡았다. 하지만 여자는 너무 무거웠다. 둘은 함께 점점 더 깊이 가라앉았다. 여자는 물고기에 올라탄 채 물속으로 가라앉고 있었다. 그 광경을 지켜보던 '큰 거북'이 여자의 발밑으로 헤엄쳐 가서는 여자를 등에 업고 수면 위로 떠올랐다.

여자는 오랫동안 '큰 거북'의 등껍질 위에 앉아 있었다. 양 팔로 다리를 껴안고 무릎 위에 턱을 괸 채. 여자는 물속으로 미끄러질까 봐 겁이 나서 꿈쩍도 하지 않았다. 곧 온몸에 경련이 일었다. 일어나 걷기 위해서는 더

많은 공간이 필요했다. 여자는 '끝없는 대양' 속에 사는 동물들을 모두 불러냈다. 동물들은 '큰 거북'을 중심으로 원을 그리며 모여들었다. 땅을 찾아내야 했다.

"땅!" 동물들이 소리쳐 말했다.

"가장 깊은 곳, '끝없는 대양'의 가장 깊은 곳에 가면 진흙이 있지. 하지만 그 진흙은 너무 깊이 파묻혀 있어. 오직 사향쥐만이 그 깊은 곳까지 잠수해 들어가 진흙을 가져올 수 있어."

원을 그린 동물들 사이에서 빠져나온 사향쥐는 '큰 거북' 가까이로 와서 여자를 바라보더니 한마디 말 없이 검은 물속으로 잠수했다. 사향쥐는 끝이 보이지 않을 정도로 깊은 물속을 한참 자맥질해 내려갔다. 물은 얼음처럼 차고 새까맸다. 사향쥐는 한 치 앞, 자기 주둥이조차 분간할 수 없었다.

마침내 단단하고 매끄러운 땅에 도착했다. 바로 '끝없는 대양'의 밑바닥이었다. 사향쥐는 미끄러지듯 진흙 바닥에 배를 대고 엎드렸다. 사향쥐는 이 낯선 곳에 있는 게 너무 편안해 그만 '큰 거북' 등에 앉아 있는 여자를 잊고 말았다. 그러나 저 위 수면에서 누군가 자신을 기다린다는 사실이 어렴풋이 떠올랐다. 사향쥐는 잠시 발을 놀려 진흙을 뭉치며 놀다가 마침내 자기가 가져갈 수 있을 만큼 진흙을 최대한 많이 모은 다음 네 발을 힘차게 한 번 굴러 수면을 향해 뛰어올랐다. 사향쥐는 동물들의 원 한가운데 떠올라서, 거두어온 진흙을 다른 동물들에게 넘겨주고는 다시 잠수했다. 다른 동물들은 수면 위에 남아서 진흙을 거북의 등껍질 위에 쌓았다. 사향쥐는

이런 물속 여행을 여러 차례 반복했다.

 '큰 거북'의 등 위에 있던 여자는 이제 걸을 수 있게 되었다. 주위를 둘러보니, '끝없는 대양' 한가운데 섬이 하나 생기고 있었다. 섬은 여자가 '큰 거북'의 등에서 일어나 걸어다닐 수 있을 만큼 점점 커져 갔다. '큰 거북'의 등껍질 위로 땅이 쌓여갔다. '큰 거북'은 점점 길어지고 넓어져서 지금의 지구만해졌다. 사실 '큰 거북'이 바로 오늘날 우리가 살고 있는 지구이긴 하지만, 그 원초의 순간은 이러했다. 여자는 동물들의 도움을 받아 많은 호수와 산, 숲과 평원을 만들었다.

 여자는 어느 나무 아래서 잠이 들었다가 참으로 이상한 꿈을 꾸었다. 자기 뱃속에서 나뭇가지가 하나 나오더니 검은 하늘 위로 올라가는 게 아닌가. 그 나뭇가지에서 수천 개의 잔가지가 나오자마자 쭉쭉 왕성하게 자라서는 하늘 사방으로 뻗어 올라가는 꿈이었다. 다음 날 여자는 자신이 임신한 것을 알았다.

 여자는 딸을 낳았으니, 이 딸이 바로 '땅의 어머니'였다. 그 다음에는 '땅의 어머니'가 쌍둥이를 낳아 각기 이름을 '규석'과 '관목'이라 지었다.

 '관목'은 태양과 달, 식물과 동물을 만들었다. 그는 땅 위에서 살 수 있는 모든 유용한 것들을 창조했다. 한편 '규석'은 자기 이름과 똑같은 암석처럼 단단하고 날카로운 악의를 마음속에 품고 있었다. 그의 머릿속에는 오로지 한 가지 생각밖에 없었다. 태어나는 모든 것을 병들고 썩게 하는 일이었다.

'관목'이 강물 속에 물고기를 만들면, '규석'은 물고기들에게 뼈와 가시를 덧붙였다. 열매가 가득 맺힌 나무마다 가시를 달아놓은 것도 '규석'의 소행이었다. '관목'이 여름을 창조하자, '규석'이 겨울을 덧붙여놓았다.

 '관목'은 여러 인간들을 만들었다. 나무의 노란 껍질을 취해 아시아 사람들을 만들고, 바다의 흰 거품을 취해 코카서스 산맥을 오르는 사람들을 만들었다. 또한 검은 점토를 취해서는 모리타니에서 에티오피아까지 아프리카 평원에 거주하는 유목민들을 만들었는데, 이들은 북해까지 거슬러 올라갔다. 붉은 점토를 취해서는 아메리카 대륙의 열대 사막과 냉대 사막을 이동하며 사는 사람들을 만들었다. '관목'은 인간을 의롭고 유익하게 만들었다. 이 최초의 인간들은 판단하지 않았다. 그들은 '좋은', '나쁜', '슬픈', '기쁜'이라는 말을 갖고 있지 않았다. 그런데 '규석'이 세계 방방곡곡에 나타나 최초의 인간들에게 이러한 말들을 매번 다른 언어로 가르쳤다. 인류 최초의 전쟁이 터졌다.

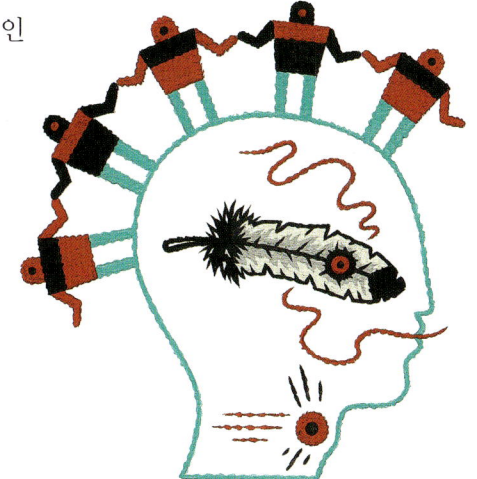

 그 후 수많은 전쟁이 끊임없이 이어졌지만, '큰 거북'은 등껍질 위로 떨어지는 폭탄 세례를 오늘날까지도 인내심 있게 참아내고 있다.

잉카 신화

완전한 곳

태초에는 아무것도 없었으니, 오로지 티티카카 호수와 그 위로 떠오르는 태양 파차카막만이 존재했다. 파차카막은 강렬한 빛을 내뿜었다. 낮에는 파차카막 외에는 아무것도 볼 수 없을 정도였다. 태양은 하늘을 가득 메우고, 눈에 보이지 않는 아치형 궤도를 따라 미끄러지듯 떠올랐다. 하지만 밤에는 하늘이 텅 비어버렸다. 그래서 파차카막은 많은 별과 행성을 만들었다. 작은 점들이 빛나며 복잡한 붙박이 문자를 그려냈다.

파차카막은 달을 만들어 파차마마라 이름 지었다. 파차마마의 피부는 희고 고왔다. 파차카막은 파차마마를 아내로 맞이했고, 둘은 여느 젊은 부부들처럼 땅을 품었다. 부부는 티티카카 호수의 맑은 물속에서 아들 딸 두 아이를 끌어냈다.

　파차카막은 바위산의 돌로 최초의 인간들을 만들었다. 그들은 허약하고 우둔했다. 숨 쉬는 것을 잊는가 하면 호수에 빠져 익사하기도 했다. 돌 모서리에 부딪쳐 다치면 상처를 더 헤집어놓았다. 최초의 인간들은 살아가기에 적합하지 않은 존재였고, 배고픔이나 목마름도 모르고 몽롱하게 꿈만 꾸다 죽었다. 파차카막과 파차마마는 이 무기력한 피조물을 몹시 측은하게 여겼다. 그래서 자기네 자녀들을 땅으로 보냈다.

　파차카막과 파차마마의 아이들은 밭을 갈아 씨를 뿌리고 기다렸다가 추수하는 방법을 인간에게 가르쳤다. 검은 흙 속에 씨앗 한 알만 뿌리면 무언가 먹을 수 있는 게 나타난다는 사실을 알려주었다. 그들은 또한 벽을 세우고 지붕을 이어 집을 만들고, 그 안에 들어가 매서운 찬바람을 피하는 법도 가르쳤다. 그리고 추운 날이나 밤에 대비해 옷과 이불을 짜는 방법도 가르쳤다. 인간은 곧 가축을 기르고 땅을 경작해 식량을 얻게 되었으며, 계절의 변화에 적응할 수 있게 되었다.

파차카막은 두 아이들을 불러 이렇게 말했다.

"이제야 너희들 덕분에 모든 여자와 남자가 더욱 강해졌구나. 손은 수고로 거칠어지고, 몸은 튼튼해졌다. 이제 인간에게 선함과 정의로움을 가르치도록 해라. 그럼 나는 빛과 열을 가져다주겠다. 내 매일같이 그중 어느 것 하나 잊지 않으리라. 또한 인간에게는 자신의 창조자를 결코 잊지 않도록 가르쳐라." 파차카막은 이어 아들에게 말했다. "이제 너의 이름은 잉카이다." 파차카막의 말은 율법의 말씀처럼 굳어졌는데, 또한 율법의 말씀처럼 유동적이어서 손으로 잡으려 들면 손가락 사이로 빠져나갔다.

파차카막은 아들과 딸에게 황금 지팡이를 한 묶음 쥐어주었다. 그것으로 무엇을 해야 할지 그들도 곧 알게 될 터였다. 태양과 달의 두 아이들은 곧 기나긴 여행을 위해 길을 떠났다. 자신들의 백성과 함께 정착할 만한 장소를 찾아 떠난 것이다. 멈추는 곳마다 땅 속에 황금 지팡이를 하나 꽂았다. 지팡이는 앞으로 건설할 도시를 가리켰다.

그들은 우아나카우리 계곡에 이르렀다. 산들은 빨간빛과 초록빛이었다.

그곳에 황금 지팡이를 꽂자 이번에는 지팡이가 땅속으로 쑥 들어가버렸다. 잉카는 정확히 황금 지팡이가 사라진 바로 그 지점에 첫 번째 신전을 건설하기로 결정했다. 잉카는 손가락으로 땅을 짚고는, 바로 그곳이 자신과 백성들이 정착할 곳이라고 말했다. 잉카가 이 말을 마친 순간 계곡 주위의 산들이 진동했다. 어쩌면 그건 단지 바람 때문이었는지도 모른다. 하지만 그들은 모두 잠시 몸을 떨었다.

잉카와 누이는 서로 헤어졌다. 잉카는 북쪽으로 향했고 누이는 남쪽으로 향했다. 세상의 모든 남자와 여자를 모아서 지팡이가 땅속으로 사라져버린 그곳으로 데려오기 위해서였다. 완전한 곳으로.

그들은 모든 마을에 들렀다. 돌무더기나 궤짝더미 위에 올라 군중에게 연설했다. 그들을 보고 그들의 말을 듣기 위해 많은 이들이 모여들었다. 모두들 높은 곳에 선 그들을 올려다보며 그들의 말을 경청했다. 잉카와 그의 누이는 파차카막과 태양의 율법, 그리고 우아나카우리 계곡에서 자신들이 발견한 완전한 곳에 대해 이야기했다. 확고한 그들의 말을 듣고서 모두 그들을 믿게 되었다. 처음에 그들은 커피를 운반하던 궤짝 위에 서 있는 두 남녀일뿐이었지만, 이야기를 시작하면 곧 인간들 눈앞에 나타난 진리의 화신으로 떠받들어졌다. 잉카와 그의 누이가 지나는 마을은 그들이 떠나고 나면 모두 텅 비어버렸다. 잉카와 누이의 뒤를 기나긴 행렬이 따르고 있었다. 새로운 마을에 들를 때마다 그 행렬은 점점 길어졌다.

뱀같이 길고 긴 두 줄의 인간 띠가 우아나카우리 계곡으로 내려온 것은 해질 무렵이었다. 두 무리의 선두에 선 잉카와 누이가 보였다. 잉카와 그를 따르는 무리는 북쪽에 정착했다. 그들은 북쪽 도시 아난 쿠스코를 건설했다. 잉카의 누이와 그 뒤를 쫓은 사람들은 남쪽에 정착해 남쪽 도시 우린 쿠스코를 건설했다. 이렇게 잉카 도시 전체가 남성과 여성, 북쪽과 남쪽으로 정확히 반으로 나뉘었다.

그날부터, 이 도시를 세운 민족은 잉카족이라 불렸다. 잉카족은 파차카막 태양에게 영광을 돌리며, 황금 지팡이가 사라진 완전한 곳에 첫 번째 신전을 세웠다.

일본 신화

재회

전설에 따르면, 안개 속에서 홀연히 갈대가 솟아났다. 이 안개는 혼돈의 바다이고, 안개 위로 솟은 갈대는 지극히 높고 영원한 신 구니도코타치였다.

여신 이자나미와 남신 이자나기가 천국의 공중다리에 나타났다. 이자나기는 보석으로 장식된 창을 하나 들고 있었다. 이자나기가 창을 다리 아래로 뻗어 혼돈의 바다 안개 속을 휘저으니 창끝에 진주알이 하나 맺혔다. 둥글고 아주 작은 점만하던 진주알은 점점 부풀어오르더니 창끝에서 바다로 똑 떨어졌다. 이렇게 해서 오노고로 섬이 만들어졌다.

이자나미와 이자나기는 이 섬 위에 집을 짓고, 집의 정중앙에 돌기둥을 세웠다. 오노고로 섬의 집 중앙에 위치한 이 돌기둥을 세계의 척추라고 말한다. 세계는 하나의 몸이며, 그 신경과 근육과 피는 모두 이 집의 돌기둥

에 모였다가 다시 떠나고 돌아오기를 반복한다. 그렇게 박동이 일어난다.

　이자나미와 이자나기는 각각 반대 방향으로 기둥을 돌다가 서로 마주보게 되었다. 둘은 곧 자신들이 발가벗고 있으며 서로 몸이 다르게 생겼다는 사실을 깨달았다. 이러한 발견은 깊은 혼란을 가져왔다. 이자나미의 양 볼이 발그스레해졌다. 이자나기도 두 뺨을 붉혔다. 당혹감이 두 신의 얼굴에 역력히 나타났다. 두 신은 서로의 몸을 만져보았다. 서로 살을 쓰다듬고 놀러보았다. 손가락 아래로 피부가 밀려 주름이 졌다. 접촉은 감미롭고 어지러웠다. 둘은 서로 꼭 껴안았다.

　이자나미와 이자나기의 첫 번째 교합에서 히루코가 태어났다. 히루코는 온전히 자라질 못했다. 이자나미와 이자나기는 히루코가 세 살이 되자 갈대로 엮은 배에 태워 바다로 흘려보냈다. 히루코는 후일 어업의 신 에비스가 되었다.

　이자나미와 이자나기가 교합을 거듭하니 일본 열도를 이루는 섬들과 바다의 신, 대지의 신, 바람의 신, 비의 신 등 이 세상을 주관하는 신들이 태어났다. 이자나미는 마지막으로 불의 신을 낳다가 아랫배와 두 다리가 불꽃에 타들어가 죽고 말았다.

　이자나기의 슬픔은 분노가 되었다. 그는 불의 신을 세 동강 내었다. 세 동강 난 불이 바다와 땅으로 떨어졌다. 하지만 이자나기의 슬픔은 여전히 생생하기만 했다. 분노로도 슬픔을 지우지는 못했다. 이자나기는 이자나미가 보고 싶었다. 이자나미를 두 팔로 꼭 껴안고 그녀의 머리칼 향기를 맡고 싶었다. 너무나 간절한 욕망이었다. 다시 이자나미를 만나 그녀를 꼭 껴안고 머리칼 향기를 맡을 수 없다면 죽을 것만 같았다. 그는 이자나미의 머리칼 향기를 떠올렸다. 그 향기가 남아 있지 않기에 더욱더 생생하게 기억할 수 있었다. 이자나기는 이자나미가 곁에 없으므로 그녀의 머리칼 향기를 맡을 수 없었지만, 동시에 자신이 호흡하는 모든 것, 향기 없는 모든 것 속에서 이자나미의 머리칼 향기를 발견했다. 이자나기를 둘러싼 세계는 온통 이자나미뿐이었다. 하지만 그것은 또한 이자나미가 아니었다.

견딜 수 없는 고통에 결국 이자나기는 큰 잘못을 저지르고 말았다. 이자나미 없이는 살 수 없었던 이자나기는, 그녀가 있는 죽은 자들의 왕국으로 갔다. 이자나기는 산 사람이 죽은 자들의 왕국에 가서는 안 된다는 사실을 알고 있었다. 하지만 이자나미와 헤어진 지금 그의 안에 아직 살아 있는 게 과연 무엇이란 말인가?

죽은 자들의 왕국 문턱에는 빛이 전혀 없었다. 그 안은 아무것도 보이지 않았다. 이자나기는 이자나미를 소리쳐 불렀다. "이자나미. 이자나미. 돌아와. 우리가 창조한 대지가 아직 완성되지 않았어. 아직 해야 할 일이 많잖아." 이윽고 이자나미의 목소리가 아주 가까이에서 들려왔다. 이자나기는 강한 전율을 느꼈다. 이자나미는 이렇게 말했다. "나는 돌아갈 수 없어. 이미 이 왕국의 양식을 맛보았는걸. 그러니 다시 돌아갈 수는 없어. 정령들에게 허락을 구해야만 해. 여기서 날 기다려. 당신을 따라가도 좋은지 정령들에게 가서 물어볼게. 하지만 당신은 거기 그대로 있어야만 해. 절대 이 문턱을 넘어서는 안 돼."

이자나기는 한참 동안 죽은 자들의 왕국 문턱에서 이자나미가 돌아오기를 기다렸다. 하지만 더 이상은 기다릴 수가 없었다. 그는 머리에 꽂고 있던 빗을 빼서 살을 하나 부러뜨려 돌에 문질렀다. 작은 불꽃이 튀면서 빗살

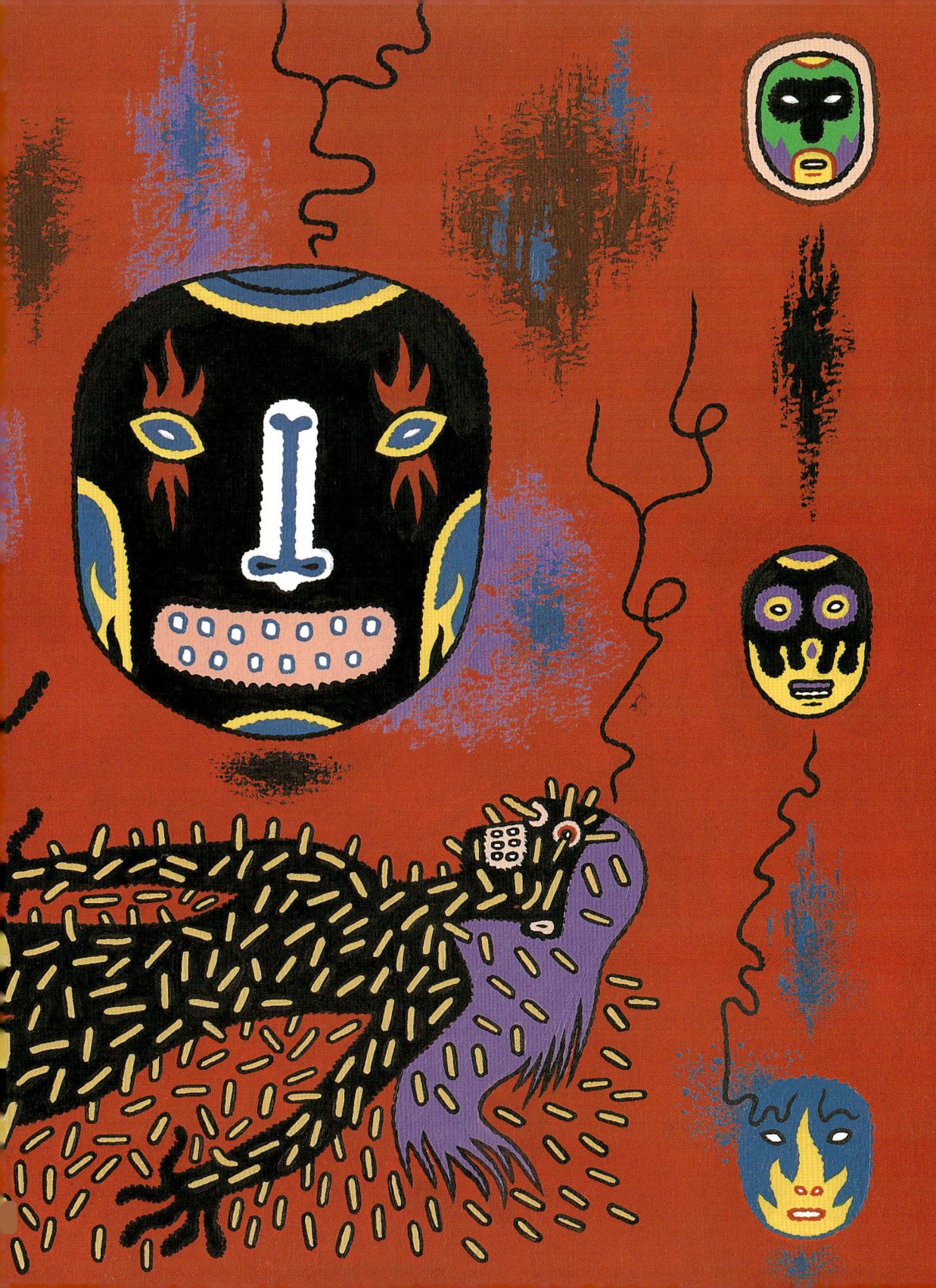

에 불이 붙었다. 이자나기는 불타는 빗살을 횃불마냥 손가락 끝으로 쥐고 문턱을 넘어 죽은 자들의 왕국으로 들어갔다.

죽은 자들의 왕국은 좁은 복도와 거대한 방 하나로 이루어져 있었다. 지상에서는 볼 수 없는 곳이었다. 얼마 가지 않아 이자나미가 보였다. 그녀는 땅에 누운 채로 꼼짝도 하지 않았다. 가슴도 오르락내리락하지 않았다. 이자나기는 이자나미 위로 불빛을 비추어보고 극심한 구토를 느꼈다. 이자나미의 온몸이 꿈틀대는 벌레와 구더기로 뒤덮여 있었다. 입, 코, 두 눈의 구멍마다 벌레들이 기어들고 기어나갔다. 얼굴은 말라붙고, 이는 가려줄 입술 하나 없이 훤히 드러나 있었다. 얇고 노란 피부 한 겹이 팔다리와 얼굴을 간신히 덮고 있었다. 피부 곳곳에 갈색 얼룩이 져 있었다. 부패한 흔적이었다. 이자나미가 자리에서 벌떡 일어나며 외쳤다. "이 저주 받을 자!" 그녀의 목소리는 목에서 울려나온 게 아니었다. 소리를 쳤으나 입은 움직이지 않았다.

이자나기는 급히 되돌아 출구로 향했다. 이자나기는 자신이 보지 말아야 할 것을 보았다는 사실을 깨달았다. 죽은 자들의 왕국을 침입해 죽은 이자나미의 모습을 보았으니 신성모독의 죄를 지은 것이다.

이자나미는 한 무리의 정령을 보내어 이자나기를 맹렬히 추격케 했다. 이자나기는 머리빗을 땅에 던졌다. 그러자 빗이 포도송이로 변했다. 정령들은 잠시 멈춰 포도송이를 아귀아귀 먹어댔다. 간신히 왕국의 문턱을 나선 이자나기는 거대한 바윗덩이를 굴려 입구를 막아버렸다. 인간은 도저히 들 수 없는 어마어마한 바위였다. 그렇게 하여 죽은 자들의 왕국 입구는 영원히 막혀버렸다.

　이자나미의 목소리가 반대편 죽은 자들의 왕국에서 울려나왔다. "산 자들을 매일 천 명씩 죽여 이곳으로 데려오고야 말겠어!" 그러자 이자나기가 이쪽 산 자들의 세계에서 외쳤다. "나는 매일 천오백 명의 아기를 탄생시켜 산 자들의 세계에서 살아가도록 할 테다!"

　탈진한 이자나기는 바위에 몸을 기댄 채 간신히 숨을 쉬었다. 머릿속이 온갖 끔찍한 장면으로 어지러웠다. 심장이 터질 것만 같았다. 그가 사랑했던 이자나미에게서 남은 것은 아무것도 없었다. 그녀의 몸은 완전히 변했고 그녀가 가지고 있던 다정함, 인내심, 선량함은 찾아볼 수 없었다. 너무 끔찍했다. 그건 이자나미였지만 또한 더 이상 이자나미가 아니었다. 이자나기는 자신의 고통이 사라졌음을 느꼈다. 그는 더 이상 이자나미를 사랑하지 않았다. 그 사실에 그는 서글픈 기쁨을 느꼈다.

라트비아 신화

세밀화

라트비아 동화책을 넘기다보면 소박한 작은 그림 하나가 눈에 들어온다. 작은 소년이 눈길 위를 걸어가는 그림이다. 눈 속에 움푹 패인 채 얼어붙은 바퀴자국에 발이 빠진 소년이 휘청거리고 있다. 소년의 두 눈 바로 아래 발그스레한 두 뺨 한가운데에는 붉은 반점이 돋아 있다. 소년은 가쁜 숨을 몰아쉰다. 길 위에 길게 늘어진 소나무 그림자를 벗어나자 햇살이 눈부시다. 소년은 손으로 차양을 만들어 햇빛을 가린다.

그림 아래쪽에는 오두막집이 한 채 그려져 있다. 집 양옆으로 자작나무가 한 그루씩 서 있고 벽난로에는 장작이 타고 있다. 지붕 위 굴뚝에는 하얀 연기가 굵은 소용돌이 모양으로 올라가고 있다.

　오두막집 앞에 거의 다다른 소년은 몹시 숨이 차다. 입가에 두 손을 모아 손나팔을 만들고는 외친다. "할아버지! 할아버지!" 그 바람에 티티새 한 가족이 날아가버린다. 오두막집 문이 열리더니 한 노인이 문턱에 나와 선다. 할아버지의 길고 흰 수염이 가슴팍까지 내려와 있다. 소년의 불그스레한 양 볼 위로 두 눈이 반짝반짝 빛난다.

　그림의 소년이 할아버지에게 하는 말이 적혀 있다. "할아버지! 악마 이야기 해주신다고 약속하셨잖아요. 기억하시죠? 할아버지가 늘 말씀하셨잖아요. '사람은 자기 약속을 지켜야 한다, 약속을 지키지 않는 사람은 늑대

만도 못하다.' 악마 이야기 들려주실 거죠?"

노인은 눈살을 찌푸린다. 그러고는 소년에게 손짓한다.

소년이 아주 가까이 다가가자 노인은 묻는다. "너는 내가 늑대만도 못하다고 생각하느냐?" 소년은 아니라며 고개를 젓는다. "내가 늑대만도 못하지 않으려면, 너한테 악마 이야기를 해줘야겠구나. 당연히 그래야지." 소년은 제자리에서 폴짝폴짝 뛰며 좋아라 손뼉을 친다.

노인은 다음과 같이 이야기를 시작한다.

"옛날옛날에는 선한 신과 악마가 우주를 서로 나눠 갖고 있었지. 우주는 거의 비어 있었어. 한가운데 바다가 있을 뿐이고, 그밖에 다른 것은 전혀 없었어. 그러니 다스릴 게 전혀 없었지. 악마와 선한 신은 심심해서 이렇게 엄지손가락만 놀리고 있었지." 할아버지는 그 모습을 생생하게 흉내 내었다. 보고 있던 소년은 웃음을 터뜨렸다.

"악마와 선한 신 둘 다 무진장 지겨워 죽을 지경이었어. 너도 상상할 수 있겠지. 그렇게 칠 년이 지난 후 악마를 찾아간 선한 신은 악마가 우주 한쪽 구석에서 혼자 엄지손가락을 놀리며 지루해하고 있는 모습을 보았지.

선한 신이 악마에게 이렇게 말했어. '지난밤 나한테 아주 좋은 생각이 났어. 땅을 하나 만드는 거야. 완전히 둥근 땅. 그리고 그 땅을 우리가 다스리는 거야. 너와 내가 말이야. 이렇게 하면 어때? 네가 바닷속 깊은 바닥까지 내려가 진흙을 조금 가져오면 그걸로 땅을 만들자구. 어떻게 생각해?' 악마는 거참 좋은 생각이다 싶었어. 당장 웃옷을 벗어던지고 물속으로 풍덩 잠수했지.

악마는 바다 밑바닥에서 진흙을 입 안에 넣을 수 있을 만큼 최대한 많이 긁어모았어. 사실 악마는 악마 나름대로 다 생각이 있었지. 입 속에 진흙을 모조리 넣어 감췄다가 땅을 독차지하려는 속셈이었던 게야.

악마가 물 밖으로 나오자 선한 신이 기다리고 있었지. '땅을 만들 진흙은 찾았어?' 악마는 고개를 좌우로 흔들며 아무것도 찾지 못했노라 했어. '바다 맨 밑바닥까지 갔다 오긴 한 거야?' 악마는 고개를 아래위로 끄떡였어. (그럼, 그럼, 바다 밑바닥까지 다녀왔고말고.) 선한 신은 악마의 양 볼이 부어오른 것을 보고 물었어. '네 얼굴이 왜 그렇게 통통 부어오른 거야?' 악마는 어깨를 으쓱했지. (나도 모르지.)

그 순간 악마의 입 속에 담긴 진흙이 점점 불어나기 시작했어. 너무나 크게 부풀어 올라 머리가 터져나갈 지경이었지. 악마는 진흙을 조금 뱉어냈어. 작은 진흙덩어리들이 악마의 발아래 작은 언덕을 이루었어. 하지만 나머지 흙은 악마의 입 속에서 계속 부풀어 오르고 있었지.

악마는 사방으로 날뛰었어. 턱뼈가 부서질 지

경이었어. 그래도 악마는 이를 악물었어. 땅을 저 혼자만 독차지하고 싶은 마음은 변함없었으니까. 악마는 불 속의 메뚜기마냥 제자리에서 팔짝팔짝 뛰었어."

할아버지는 소년이 이해하기 쉽도록 오두막집 층계에서 악마의 춤을 흉내 낸다. 할아버지의 발놀림에 따라 계단의 나무판이 삐걱거린다. 참새 한 마리가 높은 나뭇가지에 앉아 이 광경을 재미있게 지켜보고 있다.

"악마는 입 안에 쑤셔넣은 흙을 모두 뱉어낼 수밖에 없었지. 진흙덩어리는 떨어질 때마다 이 세계의 일부분으로 변했어. 이쪽에는 산 하나를 만들었고, 저쪽에는 눈 덮인 벌판을 만들었지. 악마의 이빨 사이로 새어나온 흙덩이들은 강기슭이나 수풀 우거진 들판, 계곡, 초원, 사막, 풀밭, 절벽, 모래밭, 조약돌 따위로 변했지. 이렇게 해서 이 세계가 창조된 것이란다."

소년은 눈을 들어 할아버지를 바라본다. 현관에 선 할아버지는 마치 거대한 공 모양의 무언가를 떠받들듯이 하늘을 향해 두 팔을 벌리고 있다. 그림 안에서 참새 한 마리가 눈을 동그랗게 뜨고 이 광경을 지켜보고 있다. 먼 풍경 속으로 눈 덮인 언덕들이 보인다. 모든 게 황금빛 속에 잠겨 있다. 붉은 테두리가 세밀화를 장식하고 있다.

뉴질랜드 마오리족 신화

푸르고 무성한 슬픔

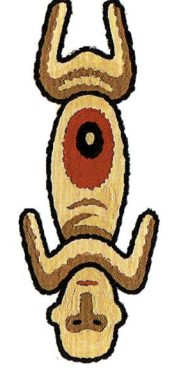

밤의 기운이 완전히 가시지 않은 이른 아침, 일찍 일어나 집 밖으로 나가 세상과 만나보라. 아무 판단 없이 그냥 바라만 보라. 내가 여기 혹은 저기 있다든가, 이러하고 저러하다 판단하지 말고 그저 바라만 보라. 그럼 어느 순간 이 세계의 기원은 슬픔 속에 있으며, 그 속에서 세계가 생명력을 얻는다는 사실을 깨닫게 될 것이다. 눈을 들면 하늘인 랑기가 보이고, 눈을 내리면 땅인 파파가 보일 것이다.

랑기와 파파는 항상 지금처럼 떨어져 있진 않았다. 여러분이 일찍 일어난 오늘 아침이 되기 훨씬 이전에는 그 무엇도 하늘과 땅을 떼어놓지 못했다. 대지의 여신 파파와 하늘의 신 랑기는 서로 사랑했다. 둘은 끊임없이 입맞추면서 서로를 꼭 끌어안고 있었다. 서로 껴안고 있는 게 너무나 행복해서 굳이 떨어질 이유가 없었다. 땅과 하늘 사이에는 빛도 공기도 없었다.

랑기가 파파를 너무나 꼭 껴안고, 파파가 랑기를 너무나 세게 포옹하고 있었기 때문이다.

파파와 랑기는 아들을 셋 낳았다. 바다의 신 탕가로아, 숲의 신 타네마후타, 바람의 신 타휘리마테아였다. 세 아들 모두 부모님의 열렬한 포옹 속에 포로로 갇히게 되었다. 백 번이나 거기서 벗어나기 위해 애를 썼으나 매번 실패하고 말았다.

파파와 랑기의 세 아들 중 가장 힘이 센 숲의 신 타네마후타는 한 가지 꾀를 생각해냈다. 두 발을 대지인 파파에, 머리를 하늘인 랑기에 두고 몸을 뻗기 시작했다. 머리로 하늘을 받치고 두 발로 땅을 딛고, 이렇게 몇 년 동안 계속 몸을 뻗고 또 뻗었다. 타네마후타는 있는 힘을 다해 몸을 뻗어 마침내 파파와 랑기를 떼어놓는 데 성공했다. 바로 그 순간부터 두 연인은 오늘날 우리가 알고 있는 것처럼 머리 위의 하늘과 발 아래의 땅이 된 것이다.

떨어진 두 연인 사이로 빛이 새어들었고, 땅은 다양한 풀과 나무로 뒤덮였다. 해방된 세 아들은 세계창조를 시작했다. 타네마후타는 달과 태양을 창조하고 하늘에 별을 수놓았다. 그 다음 최초의 여자를 창조하여 히네라 이름 짓고 자기 아내로 삼았다. 이 둘의 아이들이 최초의 인간들이다.

이 모든 게 행복한 일이었다. 하지만 파파와 랑기는 서로 이별하게 되어 고통스러워했다. 랑기가 오랫동안 흘린 눈물이 강과 바다를 이루었다. 이

슬과 안개는 연인을 잃고 흐느껴 우는 파파의 눈물이었다. 풀과 나무들이 무성하고 빽빽하게 자라났다. 얄궂게도, 그들의 슬픔은 태어나는 생명에 활력을 불어넣어 주었다.

오늘 아침, 짙은 안개가 끼고 가랑비가 내리기 시작하면 여러분은 외투 깃을 세우며 이와 같이 생각하리라.

'세계는 이렇게 창조되어 계속되어온 거야.'

마야 키체족 신화

전능자의 이름

태초에 우주는 하늘과 물만으로 구성되어 있었다. 세계의 조물주는 녹색 깃털로 된 외투를 뒤집어쓴 모습이었다. 물론 완전히 다른 모습으로 표현할 수도 있다. 키체족의 경전 『포폴 부』에서는 조물주를 '깃털 달린 뱀'이라 칭하고 있다. 셀 수 없이 많은 조물주들은 물 위에 널리 퍼져 있었다.

조물주 또는 전능자, 건설자, 잉태자, 전지자, 발생자라고 부를 수 있는 이 존재들이 말을 하기 시작했다. 첫 마디 말로 이들은 언어를 발명하고 언어로 대화하고 생각하고 의논하기 시작했다. 그렇게 서로를 이해해나갔다. 『포폴 부』는 언어가 발명된 그 순간 전능자들이 나타났다고 적고 있다. 말을 통해 전능자들은 모습을 드러냈다.

그중 하늘의 세 신령이 신의 일을 주재하니, 그 이름은 '번개 지존', '번

개 흔적', '번개 찬란'이었다. 세 신령은 쩌렁쩌렁한 음성으로 동시에 한 목소리로 말했다. 이들의 말은 작은 벌레들같이 생명으로 충만되었고 우글 우글 한데 엉키어 있었다. 이들의 말은 생명의 창조를 이야기했다. 가령 '땅'이라는 말이 이들의 입술에서 떨어지면 땅이 나타났다.

처음에는 안개나 구름 정도였던 산들이 희미하게 자리를 잡아갔다. 그 다음에는 산맥과 평원이 생기고, 이러한 움직임 속에 삼나무 숲과 소나무 숲이 땅 위로 솟아올랐다.

하늘의 세 신령이 '물'이라는 말을 하기가 무섭게 개울과 강이 물길을 열어나갔다. 산 굽이굽이 물줄기가 만나 강물이 점점 불어났고 육지와 육지 사이에 바다가 생겼다.

세 신령은 또 산과 숲에 사는 동물들을 창조했다. 『포폴 부』에는 이 땅에 살게 된 동물의 목록이 적혀 있다. '사슴, 새, 퓨마, 재규어, 뱀, 살무사, 덩굴지킴이.' 하늘의 신령은 새로운 피조물들에게 노래하고, 외치고, 말하라고 시켜보았다. 어떻게 입을 벌려 전능자의 이름을 발음하는지 일일이 가르쳐주었다.

새들에게 따라하라고 시켜보았지만, 새들은 노래할 뿐이었다. 새들의 노래는 신들의 말과 전혀 닮지 않았다. 사슴에게도 시켜보앉지만, 사슴의 울음소리도 전능자의 이름과는 거리가 멀었다. 짐승들은 꼬꼬댁, 휘이익, 음매음매, 까옥까옥 울어댈 뿐 누구 하나 신들의 이름을 말하지 못했다.

　전능한 신들의 이름을 말할 수 없다면 어떻게 신들의 존재를 알고 경외할 수 있겠는가? 그래서 신령들은 사냥을 통해 짐승들에게 또 다른 두려움을 주기로 결정했다. 짐승들은 먹이가 되어 살점을 뜯기지 않기 위해 한시도 쉬지 못하고 늘 경계를 해야만 했다. 땅굴 속, 나뭇가지 위, 물가, 어디서든 눈을 동그랗게 뜨고 조그마한 소리에도 귀를 쫑긋 세운 채 항상 불안하게 깨어 있어야 했다. 『포폴 부』는 말한다. '이들의 육신이 져야 할 짐이 이와 같으니 죽임 당하고, 먹힐 것이다.'

　그래도 문제는 전혀 달라지지 않았다. 세 신령은 새로 회의를 열었다. "이름조차 불리지 못한다면 전능자라 해도 무슨 소용이 있겠는가?" 신령들은 자문했다. "전능자는 저녁 하늘에서 어렴풋이 붉게 보일 뿐이다. 아무도 의문을 가지지 않는 복잡한 체계를 유지하기 위해서는 새로운 종을 창조해야 한다. 말하고, 두려워 떨며, 저녁 하늘의 붉어짐을 헤아릴 줄 아는, 그것을 한참 헤아린 끝에 그 속에서 전능자를 발견하고 더욱더 떨게 될 새로운 종을 창조해야 한다."

　하늘의 신령들은 흙으로 최초의 존재를 조각했다. 하지만 한 번의 비에

모두 흙탕물이 되어버렸다. 얼마 지나지 않아 흙으로 빚은 존재들은 하나도 남지 않게 되었다.

그러자 하늘의 신령들은 나무를 깎아 새로운 피조물을 만들었다. 이들은 비에는 잘 견뎌냈지만, 나무로 만든 몸 안은 건조하고 옹이 지고 거칠기만 했다. 기억과 두려움이 들어갈 자리라곤 없었다. 전능자는 완전히 잊혀져 버리고 말았다.

나무 피조물들의 무관심에 신령들은 화가 치밀었다. 신령들은 대지에 검은 비를 보냈다. '낮과 밤으로 비가 내렸다.'고 『포폴 부』는 전한다. 걷고 말하는 모든 나무 몸뚱이를 시커먼 빗물이 삼켜버렸다.

하늘의 신령들은 상의 끝에 이번에는 옥수수 이삭으로 생명을 창조하기로 결정했다. 『포폴 부』에는 다음과 같이 적혀 있다. '그리하여 노란 옥수수, 흰 옥수수를 갈았다. 영양분이 몸에 들어가니 살이 찌고 기름이 생겨서는 두 팔의 중요한 요소인 근육이 되었다.'

옥수수 피조물은 완벽했다. 이들은 전능자에 대한 기억을 간직하고 있었기 때문이다. 옥수수 피조물은 전능자의 이름을 부르는 노래를 만들었다. 이들의 노랫소리는 어둠을 쫓기 위해 켠 불처럼 세계 방방곡곡에 울려 퍼졌다. 이 옥수수로 빚은 존재가 바로 최초의 인간이다.

메소포타미아 신화

전쟁

창세 신화는 무엇이 우선이고, 무엇이 그 뒤를 따르느냐를 정리한 이야기라고 할 수 있다. 원초의 바다는 물거품 이는 소용돌이 속에서 신들을 낳았고, 이 신들은 새로운 신들을 낳았다. 이렇게 탄생이 반복되는 가운데 젊은 신들이 원로 신들을 공격하고, 치열한 싸움이 계속되었다. 신들의 전쟁은 언제나 치열하다.

그리고 마침내 생명이 시작된다. 신들의 시체, 신들의 잔해 위에서 생명이 활기차게 움직인다. 생명은 덩굴처럼 그 위를 기어오르며, 신들의 뼈 무덤 위에서 수백 송이의 하얀 꽃으로 피어난다. 종종 이런 신들 중 하나의 몸이 둘로 나뉘어 반은 땅이 되고, 나머지 반은 하늘이 된다. 그러나 이 모든 것을 다스리는 신은 늘 하나이기 마련이다.

메소포타미아에서는 이 신을 마르두크라고 부른다.

　세계를 탄생시킨 전쟁은 원초의 두 바다와 에아의 대결이었다. 원초의 두 바다는 민물 아프수와 짠물 티아마트였다. 아프수와 티아마트는 최초의 신들을 낳았으니, 진흙 위를 지나는 물과 같은 이름의 라무와 라하무, 그리고 강철 검의 섬광 같은 이름의 안샤르와 키샤르였다. 에아와 그 형제들은 이 신들에게서 태어났다.

　에아는 힘이 강했을 뿐 아니라 결코 쉬는 법이 없었다. 밤이나 낮이나 굵은 두 팔로 바닷물을 쪼갤 듯 내려치며 수영했다. 에아의 곁에서 형제들이 따라 헤엄쳤다. 그들의 넓은 어깨가 들썩일 때마다 물살이 솟구쳐 올랐다. 그래서 바다는 쉬지 않고 들끓었다. 에아와 형제들은 잠을 자지 않았다. 그들은 힘이 차고 넘쳐 잠시 쉬며 숨 돌릴 필요조차 없었다. 격렬한 수영이야말로 그들에게는 들끓는 에너지를 잠재울 수 있는 유일한 방법이었다. 그 에너지는 극심한 목마름이었고 도저히 채워지지 않는 갈증이었다.

　에아와 그 형제들이 거대한 팔다리로 물장구를 치는 통에, 원초의 두 바다인 아프수와 티아마트는 요동치는 물살로 점점 지쳐갔다. 물이 잠잠히 휴식할 만한 시간이 한순간도 없었다. 아프수와 티아마트는 에아와 그 형제들에게 호소도 해보았지만 아무 소용없었다. 이들의 소란은 가라앉을 줄을 몰랐다.

선택의 여지가 없었다. 아프수는 에아와 그 형제들에게서 벗어나기 위해 주변의 신들에게 도움을 청했다. 에아는 음모를 눈치 채고는 아프수를 손바닥으로 내리쳐 죽였다. 그 순간, 신들 사이에 전쟁이 터졌다.

티아마트는 아프수를 잃어버린 고통과 분노로 치를 떨었다. 티아마트는 짠물 뱃속에서 사자, 살무사, 전갈, 커다란 아가리의 늑대 무리 등 수많은 괴물 군대를 토해냈다. 공중으로 날아오른 용들이 발톱 달린 넓은 날개를 쫙 펼치고 잠시 맴을 돌더니 무시무시한 울음소리를 내며 공격했다. 붉은색, 황금색의 거대한 화살들이 물속을 뚫고 나왔다.

공격에 대응하기 위해 에아는 마르두크를 만들었다. 마르두크는 신들 중에서 가장 힘이 셌을 뿐만 아니라, 두 팔로 우주의 모든 빈 공간을 감싸 안을 수 있을만큼 거대하였다. 마르두크는 눈이 넷, 귀가 넷 달려 모든 것을 보고 들을 수 있었다. 눈으로는 번개를 쏘았고, 입을 열면 거대한 불꽃이 날름거리며 우주를 핥았다. 마르두크는 아무것도 그 누구도 두려워하지 않았다. 마르두크는 힘의 개념을 넘어서는 힘을 발휘했다. 그가 지나가면 모든 신들은 두려움에 떨었다.

마르두크는 에아에게 말했다. "좋다. 내가 괴물 군대를 완전히 박살내겠다. 그 다음 우주를 다스리는 건 바로 나다." 그가 입을 열 때마다 머리 위로 불꽃이 너울거렸다.

신들도 이를 받아들였다. "물론, 당연히 그래야지." 마르두크에게 반대한다는 것은 생각할 수도 없는 일이었다.

　그사이 티아마트의 군대가 가까이 다가와 있다는 소문이 우주 끝까지 퍼졌다. 마르두크는 두 발로 허공을 단단히 디딘 채 꼼짝하지 않고 기다렸다. 일촉즉발의 위기였다.

　마르두크는 사방의 바람을 불러 모아서, 울부짖으며 떼로 몰려드는 티아마트의 군대를 산산이 날려버렸다. 이제 원초의 바다까지 거칠 것 없이 길이 열렸다.

　마르두크는 네 필의 말이 끄는 불꽃 전차에 뛰어올랐다. 말들의 갈기가 불꽃으로 이글거렸다. 마르두크는 왕의 지휘봉과 반지를 착용했고 몸에는 딱 맞는 순금 갑옷을 입었다. 벨트로 고정시킨 활과 화살통 안에는 도깨비불 화살촉이 달린 화살들이 가득 차 있었다. 마르두크의 눈부신 광채에 그 누구도 눈을 들어 정면으로 바라보지 못했다. "태양, 태양이다!" 마르두크

가 지나가니 신들이 외쳤다.

마르두크가 티아마트를 덮쳤다. 티아마트는 소용돌이를 만들었다. 물살이 태풍의 눈처럼 거대한 원을 이루었다. 사실 그것은 크기를 가늠할 수 없으리만치 거대한 용의 아가리였다. 활짝 펼친 용의 날개는 우주의 경계선까지 가 닿았다.

용으로 변신한 티아마트가 아가리를 쩍 벌렸다. 그 순간 마르두크가 목구멍 속 깊이 태풍을 내리꽂았다. 티아마트가 비명 한 마디 지를 틈도 없었다. 마르두크는 불화살을 한 방 쏘아 티아마트를 두 동강 냈다. 마르두크는 허공에서 티아마트의 시체를 두 갈래로 나누어 하늘과 땅을 만들었다. 마르두크는 정복에 승리한 왕이 왕좌에 오르듯 최고신의 자리에 올랐다.

마르두크는 세계 창조를 시작했다. 우선 낮과 밤을 만들었다. 그러고는 행성을 만들어 각기 하늘의 운행 경로를 정해주고, 별을 만든 후 별자리를 정했다. 또한 달을 만들면서 보름달, 불룩한 달, 반달, 그믐달, 초승달에 이르기까지 달의 차고 이지러지는 모든 단계를 정했다. 마르두크 자신은 태양이 되었고, 모든 신들에게 새로운 피조물들을 하나씩 지킬 것을 명령했다.

마르두크는 태양 광선만큼이나 다채로운 생각을 가지고 있었다. 어느 날 티아마트의 괴물들이 남긴 하얀 뼈에 그의 시선이 머물렀다. 전쟁 중에 그가 섬멸하여 우주 사방에 흩뿌려놓은 것들이었다. 뼈들이 각기 모나거나 둥근 독특한 형상을 하고 있음을 발견한 마르두크는 그중 몇 개를 취해 깎아내고 살을 붙였다. 그러고는 이 새로운 작품에 생명을 불어넣은 후 '인간'이라 명명하였으니, 인간은 신을 섬기기 위해 창조되었다. 인간은 땅에 살았고, 신은 하늘로 올라갔다. 이 모든 게 완벽하게 작동하지는 않았다. 하지만 마르두크는 아주 작은 이 피조물들을 매우 어여삐 여겼다.

미크로네시아 나우루족 신화

아레옵 에납의 노래

아직 땅은 존재하지 않았다. 오로지 공기와, 원초의 바다만이 존재할 뿐이었다. 단조롭게 펼쳐진 광활한 물의 영역이 바다였다. 우주의 어둠 깊은 곳에서부터, 아레옵 에납이 이 단순한 우주에 나타나 바다의 위아래, 도처로 무한히 뻗어나가는 허공을 성큼성큼 걸어갔다.

아레옵 에납은 무(無)의 거대한 공간을 뚫고 오래도록 걸었다. 도중에 무엇을 보지도 발견하지도 못한 채 마냥 걷기만 했다. 갓 내린 눈 위를 걸을 때처럼 발이 허공 속에 푹푹 빠졌다. 걸으면 걸을수록 밑으로 떨어지는 격이었다. 온몸이 빈 공간인 무(無) 속으로 빠져들었다. 그렇게 걷다 그만 원초의 바다에 떨어지고 말았다.

아레옵 에납은 한 바퀴 휙 둘러보기로 결심했다. 가끔씩 몸도 식히고 혈액 순환도 원활히 할 겸 발끝을 물속에 담갔다. 그렇게 쉬던 중 조개 하나

를 발견했다. 처음에는 하얀 점으로밖에 보이지 않았지만, 한참을 뚫어져라 쳐다본 후에야 그 형태를 비로소 이해할 수 있었다. 나사조개 껍데기 두 개가 대칭을 이루며 마주보는 모양으로 꼭 붙어 있었던 것이다.

아레옵 에납은 웅크리고 앉아 그것을 집어 들었다. 이리저리 돌려보고 뒤집어보며 요모조모 살피었다. 마침내 그는 두 나사조개가 맞물린 작은 틈새 속으로 손톱을 밀어넣었다. 나사조개를 분리하려고 온 힘을 다해 당겨보았지만, 조개가 워낙 단단해서 손톱 세 개만 부러뜨리고 말았다.

아레옵 에납은 원초의 바다 근처 허공에 앉아 그 물체를 물끄러미 바라보았다. 공연히 화를 낼 일이 아니었다. "손톱 깨지는 게 기분 좋은 일은

아니지. 꽤 아프니까. 그렇다고 화를 낸다고 문제가 해결되는 건 아니잖아. 그럼, 그렇고말고. 나사조개가 서로 단단히 고정된 듯싶으니 뭔가 다른 수를 생각해보자. 틈을 벌려놓을 방법이 있을 거야. 분명 할 수 있어. 충분히 틈을 벌려놓을 수 있어. 그럼 내가 그 안으로 쏙 들어갈 테다." 아레옵 에납은 이런 생각을 하며 손가락 끝으로 작고 하얀 조가비 하나를 주워들었다. 조가비는 작은 횃불처럼 주위에 빛을 비추었다.

아레옵 에납은 노래하기 시작했다. 그의 너른 가슴팍과 목에서 울려나오는 소리는 노래라기보다는 하나의 성스러운 주문과 같았다. 춤추는 듯 맑은 가락이 행진과 노래를 이야기했다. 반복되는 소절은 이것이었다.

"나는 노래하기에 행진한다.
 나는 행진하기에 노래한다."

아레옵 에납의 행진에는 목적이 있으며, 행진은 노래가 흐름에 따라 발견해나가는 목적을 따라간다는 이야기였다. 노래와 행진은 서로 긴밀히 연결되어 있었다. 노래가 없으면 행진은 아무 의미가 없었다. 노래가 행진에 나아갈 방향을 주고 행진은 노래를 이끌어가기 때문이었다.

아레옵 에납이 노래하는 동안 두 나사조개 사이가 살짝 벌어졌다. 노래를 더 잘 듣기 위해서임이 분명했다. 바로 그 순간 아레옵 에납은 기회를 놓치지 않고 안으로 쏙 들어갔다.

조개 안은 온통 암흑이었다. 아레옵 에납은 아무것도 볼 수 없었다. 자리에서 일어서려다 그만 나사조개 껍데기에 머리를 부딪혔다. 몸을 펴고 똑바로 설 수조차 없었다. 그래서 몸을 눕히고 뱀처럼 기어오르기 시작했다. 희미한 휘파람 소리가 나사조개 껍데기 사이로 어렴풋이 새어 들어왔다. 소리는 바다의 밀물과 썰물처럼 밀려왔다가 밀려나갔다. 아레옵 에납에게는 그 안이 좁고 답답하게 느껴졌다. 하지만 희한하게도 한참을 기어올라 간 후에야 나사조개 껍데기의 끝에 닿을 수 있었다.

그는 두 손으로 주위를 더듬었다. 어둠 속에서는 두 손이 눈을 대신했다. 갑자기 손에 몇 가지 물건들이 잡혔다. 하나는 기름지고 털이 빽빽했으며, 다른 두 개는 둥글게 말린 뿔 모양이었다. 그것은 바로 나비 애벌레 한 마리와 달팽이 껍데기 두 개였다.

아레옵 에납은 마법의 후렴구가 이어지는 다른 주문들을 많이 알고 있었다. 그는 등을 기대고 노래하기 시작했다. 새 노래가 다시금 두 나사조개 껍데기의 틈을 벌어지게 했다. 아레옵 에납은 달팽이 껍데기 두 개와 나비 애벌레를 이용해 하늘과 바다를 분리하는 데 성공했다. 즉, 위쪽 나사조개 껍데기를 아래쪽 나사조개 껍데기에서 분리한 것이다.

아레옵 에납이 하늘에 놓은 달팽이 껍데기 두 개는 각기 동쪽과 서쪽에 자리를 잡고 해와 달이 되었다. 나비 애벌레는 아래쪽 나사조개 껍데기 안에서 바다 한가운데의 작은 환상 산호초가 되었다. 또한, 이렇게 열린 나사조개 껍데기가 바로 나우루섬이다.

북아메리카 나바호족 신화

세 번의
갈대 속 여행

태양의 아들 베고치디는 최초의 생명체, 즉 첫 번째 세계에 살던 우리 조상들을 보살폈다. 베고치디가 가는 곳마다 코요테 한 마리가 동행했다. 언제나 코요테가 태양의 아들 발치에서 세수를 하고, 발을 핥고, 기지개를 쭉 펴고, 하품을 하고, 입을 크게 헤벌린 채 잠자는 모습을 볼 수 있었다.

우리의 조상들이 살던 첫 번째 세계는 차분하고 조용했다. 그렇지만 빛이 전혀 없었다.

베고치디는 네 개의 산을 세웠다. 동쪽에 하얀 산, 서쪽에 노란 산, 남쪽에 파란 산, 북쪽에는 검은 산. 하지만 태양이 떠오르지 않았다. 동쪽 하얀 산 뒤에서도, 서쪽 노란 산 뒤에서도, 남쪽 파란 산 뒤에서도, 북쪽 검은 산 뒤에서도 일출은 없었다. 첫 번째 세계는 절망적일만큼 어두웠다.

　달도 없는 밤처럼 어둡기만 하던 어느 날 우리 조상들은 더 이상 참을 수가 없어 베고치디를 만나러 갔다. 그들이 원하는 것은 간단했다. 아무것도 보이지 않는 그 세계, 한 치 앞이라도 보기 위해 눈을 가늘게 뜨느라 늘 눈이 아프고 여기저기 부딪치며 살아야 하는 그곳에서 최대한 빨리 떠나고 싶었던 것이다.

　베고치디는 자기가 할 수 있는 모든 것을 해보겠다고 약속했다. 그의 발밑에서 코요테가 자신의 한쪽 발을 핥고 있었다. 털은 곤추섰다가, 반대 방향으로 다시 핥자 모두 누웠다. 코요테는 방향을 바꿔가며 계속 발을 핥았다.

베고치디는 필요한 조치를 취했다. 첫 번째 세계의 정중앙에 거대한 씨앗을 심었다. 씨앗은 무럭무럭 자라 도로만큼 폭이 넓고 속이 빈 갈대가 되었다. 길게 자란 갈대 줄기는 두 번째 세계까지 도달했다.

베고치디는 최초의 남자들과 여자들을 모았다. 모두 갈대 속으로 들어갔다. 길고 긴 행진 후 두 번째 세계에 이르렀다.

우리의 조상들은 갈대 밖으로 나오며 연신 탄성을 질렀다. 두 번째 세계는 빛나고 푸르렀다. 이 세계에서는 모든 게 선명하게 보였다. 그러니 여기서의 삶이 더 편안하고 쉬울 것은 당연했다.

하지만 그건 고양이 족속을 생각지 않았을 때 얘기였다. 먼저 이 세계에 와서 살고 있던 고양이들은 이방인들을 달갑게 여기지 않았다. 고양이들은 충동적이고 음흉했으며, 단순한 사고를 가지고 있었다. 고양이들은 낯선 자들을 보자마자 이들을 좋아하지 않겠노라고 작정해버렸다. 이리하여 우리 조상들과 고양이들 사이에 기나긴 전쟁이 시작되었다.

두 번째 세계에서의 생활은 첫 번째 세계에서보다 더욱더 힘들다는 게 분명해졌다. 매일매일이 전쟁이었다. 휴전이라곤 없었다. 우리 조상들은 다시 베고치디를 만나러 갔다. "이놈의 전쟁, 무기한의 계엄상태, 이런 식으로는 더 이상 안 되겠어요."라고 조상들은 말했다.

"이 세계에서는 아이가 태어나기만 하면 손에 칼을 들려주고, 애가 두 발을 딛고 설 수 있을라치면 적을 공격하는 법을 가르치죠." 우리 조상들은 따져보니 차라리 첫 번째 세계의 암흑이 낫겠다고 했다.

베고치디는 손바닥으로 턱을 문질렀다. 발밑에서 코요테가 기지개를 펴자 뼈마디가 우두둑 소리를 냈다. 한 가지 방법밖에 없었다. 갈대는 이제 세 번째 세계까지 다다라 있었다. 거대한 메뚜기가 갈대 줄기에 구멍을 뚫었다. 모두 그 속으로 들어갔다. 이것이 갈대 속 두 번째 여행이었다.

세 번째 세계는 노란 황금빛이었다. 우리 조상의 눈앞에 펼쳐진 세계는 두 번째 세계보다 훨씬 아름다웠다. 이 세계에서는 만물이 더욱더 선명하게 보였다.

하지만 조상들은 성급히 기뻐하지 않았다. 매사 신중해야 함을 배웠기 때문이다. 어쩌면 황금처럼 빛나는 이 세계에도 욕심 많고 호전적인 또 다른 종족이 살고 있을지 모를 일이었다. 하지만 그렇지 않았다. 처음 도착한 순간부터, 세 번째 세계에서 찾은 그들의 평화를 흔들어놓는 것은 전혀 없었다.

모두 아무 염려 없이 짐을 풀고 정착했다. 이 세계는 평온하고, 찬란히 빛나며, 모든 것을 다 갖추고 있었다. 베고치디는 산과 강, 호수를 만들었다. 그리고 다양한 포유동물과 새와 물고기도 창조했다.

어느 날 아침, 공기도 선선한 아직 이른 시간에 코요테가 강을 따라 걷고 있었다. 물가에 고물거리는 살덩이 하나가 눈에 들어왔다. 코요테가 가까이 다가가보니 갓 태어난 아기였다. 그 아기는 바로 강의 신의 아들이었다. 코요테는 잠시 킁킁 아기 냄새를 맡더니 아기를 자기가 갖기로 결정했다. 통통하게 살이 오르고 옹알대는 아기가 마음에 들었던 것이다. 마을로 돌아온 코요테는 아기를 이불 아래 숨겼다.

얼마 지나지 않아 강의 신은 아들이 사라진 사실을 알고는 크게 노했다. 유례없이 요란한 물소리와 상상을 초월하는 급류의 소용돌이 속에서 신은 강물의 수위를 높여만 갔다.

베고치디와 우리 조상들은 도망쳤다. 모두가 한몸이 되어 일사불란하게 갈대 줄기를 기어올랐다. 갈대에 간신히 매달려 있는 동안 저 아래에서는 강물이 미친 듯 날뛰었다. 코요테는 아기를 입에 물고 버텼고, 조상들은 아기를 아버지인 강의 신에게 돌려주라고 한목소리로 애원했다. 그러나 코요테가 입을 벌렸을 때는 이미 너무 늦어버린 다음이었다. 땅이라곤 한 뙈기도 남아 있지 않았다. 세 번째 세계는 광활한 바다가 되어버린 것이다. 그토록 평온한 삶을 주었던, 황금빛 물결 가득한 세계가 이제는 더 이상 사람이 살 수 없는 곳으로 변해버렸다. 우리 조상들은 쓰린 가슴을 안고 그 모습을 지켜보았다.

조상들은 눈을 들었다. 갈대는 어느새 네 번째 세계까지 솟아 있었다. 거대한 메뚜기가 갈대 줄기에 다시 새로운 구멍을 하나 뚫었다. 바야흐로 세 번째 여행이었다.

네 번째 세계는 세 번째 세계만큼 환하지 않았다. 황금빛은 덜했고, 사물의 선명함도 덜했다. 이 세계의 많은 것들은 숨겨져 있었다. 하지만 사람이 살 수는 있었다.

베고치디는 산을 만들고, 하늘의 한 지점에 달을 걸었다. 하늘에 별들도 심어놓았다. 베고치디는 남자와 여자에게 수확하는 주기를 가르쳤다. 네 번째 세계는 나바호족의 나라가 되었다.

베고치디는 평원, 호숫가, 산허리마다 늘어가는 마을들에 따뜻한 시선을 던졌다. 그의 발밑에는 갈대 속 오랜 여행에 기진맥진해진 코요테가 코를 골고 있었다.

스칸디나비아 신화

비브로스트를 건너

얼음의 세계와 불의 세계가 만나 어마어마한 수증기 구름이 생성되었고, 그 구름은 비가 되었다. 물방울 장막이 거대한 빈 공간인 긴눙가갑 전체를 감싸 안았다. 이슬비 사이로 거인 이미르의 윤곽이 드러났다. 거인은 잠을 자고 있었다.

이미르는 아들 둘, 딸 하나를 낳았다. 자식들은 이미르의 사지가 접히는 부위 즉 겨드랑이, 무릎 뒤쪽의 오금, 턱 아래 가슴 위 움푹 들어간 곳에서 나왔다. 이 세 존재로부터 서리의 거인족이 시작되었다.

이미르의 뜨거운 열기와 땅의 찬 기운이 만나 암소 아우둠불라가 태어났다. 암소가 주위의 얼음을 핥자 젖이 나와 우유의 강물이 만들어졌다. 이 우유는 이미르와 거인 식구들의 식량이 되었다.

그런데 아우둠믈라가 혀로 핥는 바람에 얼음이 녹기 시작했다. 얼음 밖으로 발 하나가 보이더니 곧 다른쪽 발이 나타났다. 얼마 후 두 다리, 몸통, 두 팔, 마침내 온전한 몸뚱이 전체가 얼음 밑에서 나왔다. 그것은 부리의 몸이었다. 부리는 아들 보르를 낳았다. 이어서 보르가 세 명의 신 오딘, 빌리, 베 형제를 낳았다.

이제 얼음의 땅에는 완전히 구분된 두 종족이 존재하게 되었으니, 거인 종족과 신의 종족이다. 그리고 전쟁이 터졌다.

전투에서 오가는 일격은 가히 환상적이었다. 검을 한 번 휘두를 때마다 산이 낮아지고, 창을 한 번 던질 때마다 바다가 쩍 갈라졌다. 양날검이 방패와 투구에 부딪칠 때마다 태양광선 같은 불꽃이 일었다.

행성 천 개가 일시에 충돌한 것처럼, 긴눙가갑의 땅이 일순간 크게 흔들렸다. 이미르가 살해당한 것이다. 칼날 하나가 그의 몸을 완전히 관통했다. 찔린 상처에서 피가 솟아 거인들 위로 콸콸 넘쳐흘렀다. 핏물은 거센 물결이 되어 거인들을 휩쓸어갔다.

거센 폭풍우가 지나간 후처럼 긴눙가갑의 땅이 깨끗해졌다. 하늘 위로 수증기가 피어오르고 땅은 붉게 물들었다. 신들은 어깨에 힘을 주고 승리의 전장을 바라보았다. 이미르의 시신, 피가 엉겨붙어 축축한 풀밭과 끈적거리는 땅을.

오딘, 빌리, 베는 거인 이미르의 시신을 어찌해야 할지 몰라 회의를 열었다. 그들 중 빌리가 새로운 세계를 만들자고 제안했다. 나머지 두 신도 모두 찬성했다. 그들은 이미르의 살로 평평한 원을 만들었다. 두개골은 원 위에 걸어 둥근 천장으로 삼고, 뇌로 구름들을 조각했다. 동서남북 사방에 난쟁이 넷을 보초로 세웠다. 뼈와 이로는 산과 바위, 돌을 만들었다. 핏물이 그 거친 표면과 틈새로 흘러 호수가 되고 바다와 대양이 되었다. 이 순간 우리의 세계가 모습을 나타냈으니, 그것은 하나의 섬이었다.

세 신은 세계를 여러 지역으로 나누었다. 산악지역, 평야지역, 호수지역, 설원지역, 노란 열대초원지역, 푸른 온대초원지역도 있었다. 오딘, 빌리, 베는 신들의 거주지역인 아스가르트도 만들었다.

어느 날 세 신이 섬 끝자락 절벽 위를 거닐고 있을 때였다. 잡목이 잔뜩 우거진 숲과 키 큰 수풀 사이로 기이한 모양의 나무 두 그루가 눈에 들어왔다. 물푸레나무와 느릅나무였다.

오딘이 두 나무 위로 몸을 숙여 숨을 불어넣었다. 빌리는 뒤얽힌 신경망이 이어진 뇌를 하나씩 선사했고, 베는 다섯 가지 감각을 주었다. 그리하여 물푸레나무는 최초의 남자가 되었으니, 이름을 아스크라 했다. 느릅나무는 최초의 여자가 되었으니, 이름은 엠블라였다. 이 두 사람이 인류의 조상이다.

엠블라와 아스크는 검은 땅 미드가르트에 정착했다. 엠블라와 아스크의 머나먼 후손들은 이 세계의 전설을 기록하였다. 그 이야기는 다음과 같이

시작되는데, 삼천 절이나 이어진다.

"세계의 중심에서 거대한 나무 한 그루가 뿌리를 내리니
그 이름 곧 위그드라실이라.
나뭇가지들이 그늘 속에 세계를 품고
뿌리는 세계를 지탱하노라.

미드가르트 위에 아스가르트가 존재하나니
아스가르트는 신들의 처소이며
아스가르트에 오딘이 거하니라.
그는 왕좌에 앉아 창조를 살피시나니
인간의 땅 미드가르트와 신들의 땅 아스가르트가
서로 연결된 것은 무지개 덕분이더라.
무지개의 이름은 비브로스트.
비브로스트는 인간과 신이 거니는 다리,
인간과 신이 만나는 곳이라.
바로 이곳 비브로스트에서 모든 이야기가 탄생됨이라."

인도네시아 세람족 신화

꿈속의
목소리

인도네시아의 세람섬에 전해내려오는 전설에 따르면, 신화의 시대에는 세람섬이 세계의 전부였으며 세계는 신과 반신(半神)의 거처였다. 그때의 세계는 우리가 살고 있는 지금의 세계와는 완전히 달랐다. 다양한 풀과 나무도 없었고, 바위나 바닷물로 쓸리고 이지러진 해안의 굴곡도 존재하지 않았다.

세람섬에 전해지는 전설은 이렇게 시작한다.

첫째 날, 아메타는 사냥을 떠났다. 섬의 높은 곳에 있는 숲 속을 지나가는데 뒤에서부터 길게 그림자 하나가 늘어졌다. 아메타는 뒤로 돌아 활시위를 당겨 조준했다. 덤불숲 속에서 야생멧돼지가 돌진해 덮쳐왔다. 아메타는 멧돼지가 희한하게 생긴 혹을 하나 달고 있는 걸 발견했다. 갈색의 둥

근 덩어리 하나가 한쪽 송곳니에 꽂혀 머리통 위로 매달린 모양새였다. 간신히 활을 쏘아 멧돼지를 쓰러뜨린 아메타는 멧돼지가 달고 있는 것이 바로 야자열매임을 깨달았다. 아메타는 열매를 뽑아서 집으로 가져왔다.

그날 밤 아메타는 기묘한 꿈을 꾸었다. 한 남자가 가까이 다가오더니 그의 귀에 입을 바싹 대고 단호하지만 다정한 목소리로 야자열매를 땅에 심으라고 명령했다. 꿈에서 깬 아메타는 명령에 복종했다. 아메타 자신도 어떻게 아는지는 몰랐지만, 꿈속의 목소리에 복종해야만 한다는 것은 분명했다. 아메타는 야자열매를 심었다.

사흘 뒤, 야자열매를 심은 곳에 믿을 수 없을 정도로 키가 큰 나무 한 그루가 자라나 있었다. 나무에는 잎사귀마다 크고 하얀 꽃들이 달려 있었다. 아메타는 벌채용 칼 한 자루를 들고 나무 줄기를 타고 올라가 꽃을 잘라냈다. 그러다가 자신도 모르는 사이 칼날이 살갗에 스쳤다. 아주 작은 핏방울이 꽃의 둥근 씨방에 떨어져 암술 위로 퍼졌다.

열두째 날 아침, 웬 울음소리가 들렸다. 꽃송이 속에 아주 작은 여자아이가 웅크리고 있었다. 아메타는 잎사귀를 꺾어 아주 조심조심 아이를 감싼 후 집으로 데려왔다. 아메타는 아이를 하이누벨레라 부르기로 했다.

사흘 뒤, 하이누벨레는 갈색 피부에 키 크고 아름다운 아가씨가 되어 있었다. 아메타의 두 눈이 동전처럼 휘둥그레졌다. 그가 본 모든 것, 멧돼지와 야자열매, 해가 세 번 뜨고 지니 쑥 커버린 나무, 그리고 달이 세 번 뜨고 지니 훌쩍 커서 이제는 어엿한 숙녀가 된 아이, 이 모든 게 놀라울 뿐이었다. 아메타는 이러한 기적들이 어디서부터 시작된 것인지 알고 있었다. 꿈속에서 들은 목소리. 꿈속의 목소리가 야자열매를 심으라고 명령한 다음에는 모든 일이 연쇄적으로 일어났던 것이다.

하이누벨레는 신기한 재주를 갖고 있었다. 아무것도 없는 데서 멋진 물건을 만들어내고, 천연 재료를 깎아 보석을 만들기도 했다. 하이누벨레는 도마뱀처럼 민첩하게 아메타의 집 안 이 방 저 방을 돌아다니면서 둘레를 에메랄드로 장식한 순금 접시나 손잡이에 루비가 박힌 은 꽃병 등을 여기 저기 식탁이나 의자 위에 올려놓았다.

며칠 후 섬의 모든 주민들이 모이는 대축제가 시작되었다. 아홉 낮과 밤 쉬지 않고 춤을 추다보면, 즐거움은 피곤함과 뒤섞이고 커다란 웃음소리 속에는 눈물이 뒤섞인다. 섬 전체가 열에 들뜬다.

매일 아침 하이누벨레는 축제에 갔다. 매일 아침, 그녀는 더욱더 아름다운 새 물건들을 가져갔다. 군중은 그러한 모든 것들을 질투심에 가득 찬 눈으로 바라보았다. 그녀의 어마어마한 부에 그들은 몹시 질투가 났다.

군중은 어리석다. 한 번의 외침에 쉽게 동요하고 한 번의 외침에 잠잠해진다. 외침에 따라 군중은 태풍일 수도 있고 호수의 잔잔한 물일 수도 있다. 그런데 대축제의 마지막 날 누군가가 이렇게 외쳤다. "마녀를 구덩이에 처넣어버리자!" 그러자 군중은 하이누벨레에게 달려들었다. 하이누벨

레는 질투심이나 까닭 모를 분노를 이해하지 못했다. 폭력 또한 이해하지 못했다. 한 무리의 사람들이 그녀를 번쩍 들어 팔로 받치고, 다른 무리들이 마을 멀리 파놓은 넓은 구덩이까지 데려갔다. 그러는 동안에도 하이누벨레는 그저 웃고 있을 뿐이었다. 사람들은 하이누벨레를 구덩이에 넣고 흙으로 덮어버렸다. 그래도 하이누벨레는 미소를 잃지 않았다. 그녀는 생각했다. '이것은 하나의 놀이야. 내가 놀이 규칙을 모를 뿐이야.' 그러다 어느 순간 생각하기를 멈추었다.

아메타는 하이누벨레가 살해당한 것을 알고 땅을 파헤쳐서 시신을 찾았다. 분노와 슬픔으로 가슴이 미어졌다. 아메타는 하이누벨레의 시신을 꼭 껴안은 채 꼬박 하룻밤을 보냈다. 다음 날 아침, 푸른 여명 속에서 아메타는 하이누벨레의 시신을 여러 조각으로 토막 낸 후 섬의 곳곳에 묻었다. 아메타는 하이누벨레의 두 팔만을 간직했다.

얼마 뒤 하이누벨레의 몸이 묻힌 곳마다 새로운 식물이 자라났다. 이 식물들은 앞으로 다가올 새로운 세계를 위한 미지의 식량이었다.

아메타는 하이누벨레의 두 팔을 위대한 여신 사테네에게 가져가 그간 있었던 사건의 자초지종을 이야기했다. 사테네 여신은 아메타의 이야기에 끝까지 귀 기울인 후, 섬 주민들에게 그들 때문에 부끄럽고 화가 난다고 선언했다.

사테네 여신은 하이누벨레를 죽인 자는 자기 백성이 될 자격이 없다며, 자신은 그날 저녁으로 그들을 떠나 죽음의 산으로 가겠다고 선언했다. 사테네 여신은 더 이상 살아 있는 자들의 여신이 아니었다. 이제부터는 죽은 자와 정령을 보살필 것이었다.

그전에 우선 사테네 여신은 아메타가 가져온 하이누벨레의 두 팔로 다리를 만들어 섬 주민들에게 건너라고 요구했다. 그것은 마법의 다리였다. 다리를 건너는 순간 세람섬의 주민들은 모두 인간이 되었고, 과거에 신들과 대화했던 것은 잊어버렸다. 마음이 가장 시커먼 자들, 하이누벨레를 구덩이까지 데리고 가서 생매장한 자들은 돼지로 변했다.

아메타는 다리 건너편으로 내려가는 여자, 남자, 돼지의 어리벙벙한 얼굴을 쳐다봤다. 아메타는 꿈속에서 들린 목소리의 계획이 무엇인지 비로소 깨달았다는 생각이 들었다. 평평한 이마에, 입은 헤벌리고 눈을 동그랗게 뜬 그 존재들의 모습은 그야말로 우스꽝스러웠다. "이 인간들 정말 못생겼군." 아메타는 혼잣말을 했다. "뭐라 더 말할 것도 없겠어." 그러고서 그는 돌아섰다.

수단 실루크족 신화

귀에 깃든 정신

주오크가 넓디넓은 땅을 만들었다. 태양은 공 모양으로 만들어진 지구의 표면을 따라 이동했다. 그래서 땅의 일부는 작열하는 태양 아래 내내 노출되어 있는가 하면, 다른 지역들은 날마다 태양 구경 한번 하지 못하고 지냈다. 하지만 그렇게 창조된 세계는 완벽했다. 주오크는 이를 깨달았다. 모든 것이 제자리에 놓여 있었고, 그래서 현실은 명백한 진리로 드러났다.

주오크는 돌출이 필요한 곳은 돌출시키고, 건조한 열대초원과 푸르른 온대초원, 대양과 바다를 만들었다. 움직이지 않는 것은 아무것도 없었다. 땅은 스스로 호흡하는 듯했다. 땅 아래로 금이 가고 틈이 생기기 시작하더니 거대한 땅덩어리들, 대륙들이 서로 부딪혔다. 세계의 심장부가 들썩일 때마다 산들이 무너져 내리는가 하면, 새로운 산들이 뭉쳐 올라왔다. 주오크

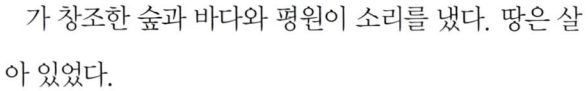가 창조한 숲과 바다와 평원이 소리를 냈다. 땅은 살아 있었다.

주오크가 예상치 못했던 이 생명은, 땅의 만물에만 속한 법칙에 따라 자유로이 흘러갔다. 주오크는 문득 어떤 생각에 빠졌다. 주오크는 자신이 생명을 부여해줄 어떤 존재를 상상했다. 마치 누군가에게 도전을 하는 듯했다. 그는 생각했다. "이 존재는 매 순간 자기 자신의 생명을 넘어서기 위해, 자신의 생명을 생명 이상의 것으로 만들기 위해 치열하게 살 거야. 정신과 육체를 소유한 존재." 주오크는 땅에 묶인 새를 생각했다.

"우선 걷고 뛰고 기어오를 줄 알아야 해." 이렇게 생각한 주오크는 흙을 한 덩이 떼어내어 두 손으로 주물럭거려 긴 두 다리를 만들었다. "땅을 갈아 뒤엎고, 기장을 심어 재배할 줄 알아야 해." 주오크는 흙을 또 한 덩이 떼어내 길게 늘여 두 팔을 만들었다. 한 팔은 괭이를 잡고 나머지 한 팔로는 잡초를 뽑을 수 있게 한 것이다. "기장이 보여야 일을 하지. 눈을 만들어줘야겠어." 주오크는 그 생각을 실행에 옮겼다. "그리고 기장을 어떻게 먹지?" 주오크는 입을 하나 덧붙였다.

주오크는 팔을 뻗어 손에 든 흙덩이를 멀찌감치 놓고 바라보았다. "말하고, 노래하고, 소리칠 줄도 알아야 해." 입 안, 목구멍 깊이 혀를 붙여 고정

시켰다. 혀는 구부러지고 둥글게 말거나 이에 붙일 수도 있었다. 하지만 혀가 발음할 수 있는 음절들이 아직 존재하지 않았다. 결국 주오크는 "현자의 말씀과 음악을 들을 수 있어야 해."라고 말하며, 적절한 곳에 귀 둘을 붙여주었다. 얼굴 양쪽에 좀 높이 하나씩 붙은 귀는 세계의 소리를 들을 만반의 준비가 되어 있었다. 귀 안으로 들어오는 수많은 소리들은 바닷물에 휩쓸려 소금이 쌓이듯이 침전되었고 그렇게 점점 침전되어 정신을 그려갔다. 이 존재들은 귀를 통해 자신들이 '인간'이라 불리는 것을 듣고 그대로 인간이 되었다. 주오크는 매우 만족했다.

주오크는 실루크의 고장에서 발견한 검은 흙으로 최초의 인간을 만들었다. 좀더 북쪽인 이집트로 올라가서는 붉은 흙을 사용했다. 더 멀리 북쪽으로 가서는 하얀 흙으로 인간을 만들었다.

인간은 색깔만 다를 뿐, 귀와 몸의 형태는 똑같았다. 귀가 열려 있을 때면 언제나 정신이 그 안에 스며들었다. 그런데 어떤 인간은 아무것도 들으려 하지 않고, 양 손바닥을 쫙 펴서 두 귀를 꽉 막아버려서 더 이상 정신이 스며들지 못했다. 이렇게 귀를 틀어막은 사람은 무엇보다 권력을 가장 사랑했으며, 흐르는 물줄기만 보면 경계선이라고 불렀다.

티베트 신화

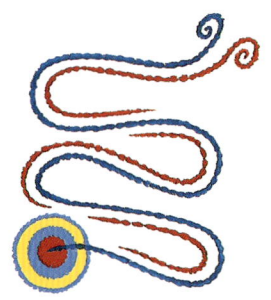

미로 읽기

만다라는 상상의 지도다. 만다라가 나타내는 세계는 우리가 일상의 눈으로 바라보는 세계와 조금도 닮지 않았다.
– 안느 타르디, 『티베트 신화』

한 남자가 만다라 안을 걸었다. 그는 몸을 숙여 세계의 지도이며 동시에 시간과 인간의 지도인 만다라를 들여다보았다. 어느 예술가가 그린 후 염료로 색칠해 완성한 작품이었다. 남자의 손에는 '만다라 안으로 들어가고 싶은 자, 오직 정신으로만 그리할 수 있다.' 라는 글이 적힌 안내문이 들려 있었다. 하지만 지금 이 남자는 땀에 흠뻑 젖은 여름 셔츠를 입은 채, 배를 묵직하게 내리누르는 커다란 사진기를 목에 걸고 만다라 안에 발을 들여놓은 것이다. 남자는 멍한 눈으로 만다라 전체를 훑어보았다. 그는 세계를 있는 그대로, 자연을 있는 그대로 보여주는 자기 나라의 예술을 생각했다. 그

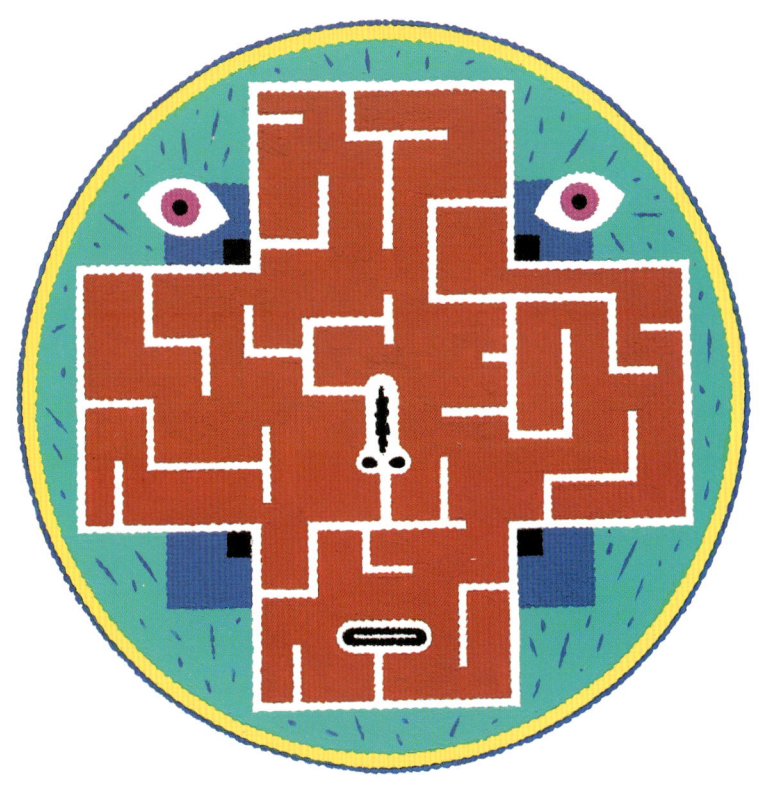

는 총천연색 미로라 할 수 있는 이 모든 선들과 색깔들이 도대체 무엇을 나타내는 것인지 이해할 수 없었다. '조금 원시적이군.' 그는 원시미술에 대해서는 별로 알지 못했다.

마침 마지막 필름 한 장이 남아 있어서, 그는 플래시를 준비하고 만다라에 초점을 맞춘 후 셔터를 눌렀다. 순간 색이 희미해졌다.

만약 이 남자가 조금만 더 시간을 할애하거나 조금만 더 호기심을 보였더라면, 만다라의 여러 입구 중 한 군데에 그려진 기이한 문을 볼 수 있었을 것이다. 이 문은 하얀 염료로 칠해진 넓은 띠를 향해 열려 있었다. 미로 같은 만다라를 가로지르는 이 선을 정신으로 따라가면 세계를 창조한 바람들, 세계의 기원을 만나게 된다.

처음에 문에서 빠져나오는 하얀 선은 아주 가늘다. 그것은 바람이 처음에는 아주 작은 미풍일 뿐이기 때문이다. 그러나 획이 점점 굵어진다. 획이 굵어지면 바람은 돌풍이 된다. 성난 바람이 일어난다. 두터운 구름과 거센 비가 바람을 동반한다. 비가 점점 더 거세지면서, 획이 그림 속에서 어두워진다. 검푸른 거대한 직사각형 하나가 조금 멀리 그려져 있다. 억수장마 끝에 대양이 형성된다. 비는 수그러들지 않고 대양을 내리친다. 수면 위로 무지개가 솟아오르더니 바다 속으로 빠진다. 만다라의 테두리를 둘러싼 크고 검은 획 안에서 이 모든 것을 읽을 수 있다.

만다라 한쪽을 차지한 커다란 그림이 물에서 솟아나온 수미산이니, 이는 대홍수가 나고 돌풍이 불 때 물에 빠져버린 무지개가 모두 합쳐진 것이다. 그림 속의 수미산은 훌륭하다. 예술가가 사용한 염료의 색상들은 수미산을 이루는 요소들을 제대로 재현하고 있다. 수정, 청금석, 루비, 금. 만다라 위의 파란 네 획은 수미산에서 발원하는 네 줄기 강이다. 또한 일곱 개의 원이 있으니, 곧 일곱 개의 황금 산이다. 산들은 민물의 바다에 빠진다. 녹색의 선은 소원의 나무인데, 수미산의 중앙에서 자라는 거대한 나무다. 멀리 청회색의 짙은 배경은 거대한 대양으로, 또 다른 거대한 산들이 대양을 둘러싸고 있다. 대양의 배경에 보이는 밝은 점들이 바로 대륙들이다. 우리의 눈 아래 그려진 세계가 펼쳐져 있다. 그것은 우리 주변의 세계, 우리가 보통 '현실 세계'라 부르는 곳보다 훨씬 더 실제적인 세계다.

    수미산에는 신과 반신이 살고 있다. 물건이나 재산을 많이 소유한 신일수록 수미산의 낮은 곳에 머문다. 가난한 신일수록 그 처소는 수미산의 더 높은 곳에 걸려 있다. 아무것도 가지지 않은 신은 공중을 날아다닌다. 그는 수미산 위에 있다.

    만다라의 아래쪽, 수미산과 인접한 곳에 파란색으로 칠한 공간이 펼쳐져 있다. 바로 염부제라고도 부르는 남쪽 대륙 잠부드비파다. 만다라에 따르면 맨 처음에 파란 남쪽 대륙에는 동물도 식물도 인간도 전혀 없었다.

    어느 날 여러 신들이 수미산에서 파란 대륙으로 내려왔다. 신들은 그곳에서의 생활이 행복했다. 신들은 늘 명상을 하였고 그래서 음식을 먹을 필요가 없었다. 신들은 명상과 낮잠, 공중부양이나 그밖의 소일거리로 시간을 보냈다.

    그중 한 신은 종종 긴 산책을 다녀오곤 했다. 그는 해안을 따라 거닐거나, 내륙으로 들어가 바위들 사이로 난 오솔길을 발견하기도 했다. 무언가를 발견하는 자들은 늘 걷는 이들, 즉 아침에 집을 나가 저녁에 집으로 돌

아올 때까지 걷는 이들이다. 이들은 세계를 탐사하며 늘 무언가 새로운 것을 가지고 돌아온다. 이들을 발명가라고 잘못 부르는 경우가 많은데, 사실 이들은 도보 여행자이다. 이들은 매일 걸어다니며 세계가 보여주는 것을 발견할 뿐, 발명하는 것은 전혀 없다.

이렇게 걷고 행진하던 신이 어느 날 저녁 움푹 팬 돌 속에 황금빛 액체를 담아 가지고 와서 모든 신들에게 마시라고 권했다. 그것은 넥타였다. 넥타는 꿀처럼 달콤하고 거품이 이는 우유처럼 부드러웠다. 신들은 넥타를 마신 다음, 더 이상 공중을 날 수 없게 되었다는 사실을 깨닫고 경악했다. 그보다 더 끔찍한 것은, 이제 명상만으로는 배고픔을 채울 수 없다는 사실이었다.

신들은 고통으로 배가 뒤틀렸다. 배고픔 때문에 위에 경련이 일 정도였다. 신들은 파란 대륙의 땅에서 자라는 오렌지 빛깔의 물질을 발견하고 단번에 먹어치웠다. 땅에서 갈대가 자랐다. 신들은 갈대의 수액이 나오는대로 모두 짜먹어버렸다. 마침내 곡식 이삭이 하나 나왔지만 신들은 이를 이틀 만에 거덜냈다. 신들은 질투심과 소유욕이 강해졌다. 걸핏하면 성을 냈고, 이웃간의 싸움이 끊이지 않았다. 신들은 먹을 것을 자기 혼자 독차지하려 했다.

신랄함, 두려움, 원한을 알게 된 신들의 몸은 더 이상 빛을 발하지 않았다. 그래서 신들을 밝혀주기 위해 태양이 떴다. 산 너머로 해가 지면 이번에는 달이 떴다. 신들은 살기 위해서 씨 뿌리고 추수하며 일해야만 했다. 어떤 신들은 다른 신들이 수확한 것을 훔치기도 했다.

어느 날 신들은 도둑 하나를 잡아 죽였다. 도둑을 흠씬 패주고 돌을 던졌더니 도둑은 다시 일어나지 못했다. 바로 그 순간, 신들은 완전히 인간이 되었다.

이러한 내용은 만다라 안에, 미로의 정중앙에 떨어진 작은 핏빛의 붉은 얼룩으로 새겨져 있다.

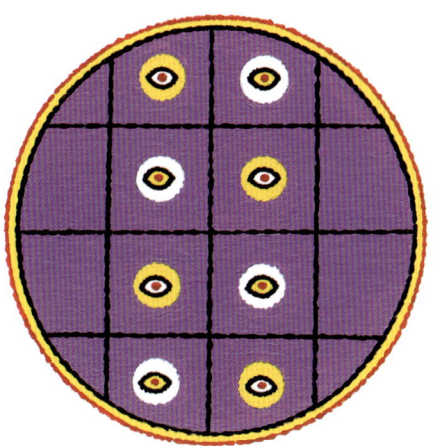

콜롬비아 위토토족 신화

폭풍우 몰아치는 밤

여러 권의 학술서적과 그밖의 두꺼운 책들, 전집류와 사전과 지도책이 선반 가득히 꽂힌 커다란 참나무 책꽂이가 사면을 둘러싼 연구실 한가운데 하얗게 센 머리 하나가 보인다. 누군가 책 한 권을 펼쳐놓고 스프링노트 위로 고개를 숙인 채 노트의 격자무늬 종이에 무언가를 적고 있다. 672~673쪽이 펼쳐진 책 왼쪽은 깨알 같은 글씨로 빼곡히 차 있고, 오른쪽에는 콜롬비아의 어느 남부 지역 지도가 실려 있다. 이 책들 한가운데 당당히 자리잡은 사람은 바로 폴 라댕 교수였다.

시카고의 초여름이었다. 캠퍼스 앞 공원에서는 대학생들 무리가 일광욕을 즐기고 있었다. 그중 남학생 셋, 여학생 하나, 이렇게 넷은 배드민턴을

치며 놀고 있었다. 라댕 교수는 연구실 창문 너머로 그 모습을 볼 수도 있었을 것이다. 하지만 라댕 교수는 어떤 짧은 신화에 완전히 빠져 있었다. 콜롬비아의 위토토족에 전래되는 세계 창세 신화였는데, 아주 특이한 이야기였다.

민족학자인 라댕 교수는 민족학을 주제로 많은 책을 저술했는데, 이와 같은 이야기는 처음이었다. 라댕 교수는 정수리를 긁적였다. 멀리 미루나무 너머로 자동차 경적 소리가 한 차례 울려왔다. 도심으로 향하는 고속도로 위에서 나는 것이 분명했다. 라댕 교수는 살짝 눈살을 찌푸렸다. 학교 건물 앞 잔디밭에서 한 여학생이 몸을 쭉 뻗어 높이 날아온 배드민턴 공을 받아쳤다.

라댕 교수는 스프링노트에 이렇게 적고 있었다.—원시부족에서 발견되는 유일신론에 관한 차후 연구를 위한 기록.

도서관에서 우연히 오래된 책 한 권을 발견했다. 그 책 속에는 흥미롭고 기이한 이야기 하나, 바로 나이네마에 관한 이야기가 들어 있었다. 이름을 들으니 뭔가 생각나는 게 있다. 괴팅겐의 한 동료의 연구에서 이 명칭을 본 듯하다. 지금 책을 읽으면서 내가 해독한 내용을 여기 옮겨 적는다.

"태초에, 지극히 태초에, 세계조차 아직 세계가 아니었을 적에는 오직 '현상'만이 존재했다. 구체적인 것, 현실적인 것은 아무것도 존재하지 않았다. 오로지 '현상'만이 존재했다. '현상'은 환영, 환상이었다.

모든 인간의 아버지인 나이네마가 손으로 꽉 움켜잡으려 애쓴 것이 바로 이 '현상'이었다. 하지만 손가락 사이에는 아무것도 잡히지 않았다. 아무것도 존재하지 않았기 때문이다. '현상'을 잡을 수는 없었다.

나이네마가 '현상'을 붙잡을 수 있는 방법은 오로지 꿈을 통해서뿐이었다. 그래서 나이네마는 잠이 들어 꿈을 꾸기 시작했다. 곧 나이네마는 '현상'을 움켜쥐는 데 성공했다. 손가락으로 꽉 쥐고 가슴팍에 꼭 끌어다 안았다. 그렇게 해서 나이네마는 '현상' 속으로 빠져들었다.

탐험을 하는 동안 나이네마는 오로지 자신의 호흡으로만 '현상'에 연결되어 있었다. 나이네마의 숨이 그 자신과 '현상'을 연결시켜주는 끈 역할을 한 것이다. 오직 그가 호흡하는 숨만이 '현상' 안에서 그를 움직일 수 있게 해주었다.

나이네마는 '현상'의 중심에 무엇이 숨겨져 있는지 발견하려 애를 썼다. 허나 아무것도 찾지 못했다. '현상'에 중심은 존재하지 않았다. 그러한 환영을 지탱해주기 위해 뿌리를 내릴 수 있는 나무 한 그루조차 존재하지 않았다. '나는 존재하지 않는 것 안에 들어와 있구나.' 나이네마는 생각했다. 그는 손을 뻗어 주변의 허공을 샅샅이 뒤져보았다. 그러나 아무것도 찾지 못했다.

결국 나이네마는 자기 숨이 풀어놓은 끈으로 이 허공을 묶어버리기로 결심했다.

나이네마는 꿈의 힘으로 '현상'을 붙잡았다. 마치 목화 열매의 섬세한 솜털을 붙잡듯이 손을 놀렸다. 온 힘을 다해 꼭 조르고 내리누르기를 거듭 반복했다. 나이네마는 자기 숨의 끈으로 묶어 놓은 '현상'이 변해서 만들어진 신기한 물질을 온 힘을 다해 내리눌렀다.

그러느라 지친 나이네마는 '현상'과 숨의 끈으로 형성된 새로운 땅을 깔고 앉아 휴식을 취했다. 나이네마는 이 새로운 땅 위에 침을 뱉었다. 그러자 침이 떨어진 여러 곳에서 많은 숲이 솟아났다. 이번에는 땅 위에 누워 하늘을 만들었다. 땅에서 잘 보이도록 파란 하늘과 하얀 하늘을 그렸다. 그리고 두 하늘을 세계의 위에 걸어놓았다."

라댕 교수는 펜을 내려놓았다. 벌써 저녁이 꽤 깊은 듯했다. 라댕 교수는 의자에서 일어나 창가로 갔다. 어둠은 더 짙어졌고, 강한 바람이 일어 도로 너머의 미루나무들이 춤을 추었다.

커다란 검은 구름이 지평선에 몰려들었다. 라댕 교수가 창문을 여는 순간 작은 트럭이 한 대 지나갔다. 트럭이 전조등을 밝혔다. 강한 바람이 조만간 거센 폭풍우가 불어닥칠 것을 예고했다. 보도블록 위로 빗방울이 떨어지기 시작하자, 밖에 있던 학생들은 짐을 챙겨 건물을 향해 달려왔다. 배드민턴을 치던 학생들은 라켓을 겨드랑이에 끼고 달리기 시합을 하듯 뛰어가 컨버터블에 올라탔다. 그중 한 명은 돌풍이 이는 가운데 자동차의 지붕을 다시 펴려고 애를 썼다.

라댕 교수의 눈 아래로 의미심장한 광경이 펼쳐지고 있었다. 작은 존재들이 사방으로 뛰어다니고 있었다. 여학생의 치마와 남학생의 바지는 하얀 점이, 도로 위 자동차의 전조등은 작은 불빛이 되어 춤을 추었다. 위로는 커다란 미루나무들이 흔들렸는데, 꼭 하늘의 아이들이 땅의 맨 꼭대기에서 춤추는 것 같았다. 그 모든 풍경 위 위협적으로 잔뜩 찌푸린 검은 하늘에는 곧 천둥과 번개가 칠 기세였고, 구름은 거대한 성난 파도처럼 일어나 질주

하듯 미끄러져갔다.

하지만 창문에 이마를 대고 기댄 라댕 교수는 이러한 광경을 전혀 보지 못했다. 창문에 부딪히는 빗방울을 바라보며 쉬지 않고 되뇌일 뿐이었다. "나이네마, 나이네마, 나이네마, 나이네마……." 마치 문을 열기 위해 주문을 외우듯이.

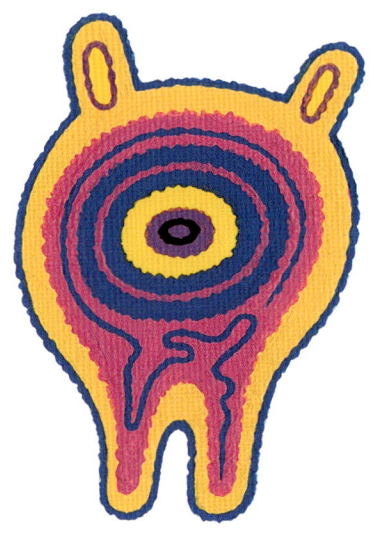

북아메리카 위네바고족 신화

환영한다!

북아메리카 위네바고족 인디언은 다음과 같은 사실을 알려준다. "땅을 창조한 자의 이름은 '땅을 창조한 자'이다."

'땅을 창조한 자'는 허공에 앉아 무(無) 속에 다리를 뻗고 있었다. 그는 잠자고 있었지만, 꿈은 꾸지 않는 잠이었다. 아무것도 존재하지 않았다. 이는 세계가 존재하기 이전의 시간을 이야기하는 것이다.

하지만 그때 '땅을 창조한 자'가 깨어났다. 그가 깨어나는 모습을 상징적으로 표현하자면 작은 번쩍임이라 할 수 있겠다. 성냥을 탁 그을 때 이는 불꽃의 번쩍임 말이다.

'땅을 창조한 자'는 눈을 뜨고 앞으로 해야 할 모든 일을 살펴보았다. 그

러자 긴 하품이 나왔다. 두 눈 가득 고인 눈물이 두 뺨을 타고 흘러내리더니 허공을 지나 아래로 미끄러졌다. '땅을 창조한 자'는 길게 쭉 한 번 기지개를 켜고 난 후 발 아래에서 반짝이는 점들을 발견했다. 그가 흘린 눈물방울들이 바다와 대양을 형성하고 있었다.

그는 기뻐하며 말했다. "벌써 한 가지 일은 끝났네. 이제 내가 뭔가를 원하면, 그것은 내가 원하는 그대로 나타날 거야. 내 눈물방울들이 바다와 대양이 된 것과 똑같이 말이지."

'땅을 창조한 자'는 집중하여 첫 번째 소원을 말했다. "빛이 있으라." 그러자 태양이 물 위로 떠올랐다.

"이제는 땅이 있으라!" 그는 크고 화려한 몸짓으로 외쳤다. 그가 생각하기에는, 창조자는 무언가를 창조할 때 반드시 눈에 잘 띄는 크고 화려한 동작을 해야만 할 것 같았다. 땅이 나타났다. '땅을 창조한 자'는 땅이 마음에 꼭 들었다.

땅이 사방으로 움직이며 진동했다. 땅은 대양의 움직임을 따르고 있었다. 진동을 멈추기 위해, '땅을 창조한 자'는 수천 그루의 나무를 자라게 했다. 나무들이 땅속 깊이 뿌리를 내렸다. "지진이 좀 약해졌군." '땅을 창조한 자'는 손으로 땅을 짚어보았다. 그러나 작은 움직임이 아직 여기저기 남아 있었다. '땅을 창조한 자'는 땅을 완전히 멈추게 하기 위해서 바위와 돌을 만들어 사방에 무더기로 쌓아놓았다. 하지만 진동은 멈추지 않았다.

　그러자 그는 네 개의 바람을 만들어 네 방향으로 불게 했다. '땅을 창조한 자'는 사방의 바람이 닻과 같은 역할을 해서 땅을 붙들어둘 거라고 확신했다. 하지만 그럼에도 불구하고 여전히 미세한 지진은 멈추지 않았다.
　나무들과 그 뿌리도, 바위더미나 사방의 바람도 고정시키지 못한 땅은 여전히 흔들리고 있었다. '땅을 창조한 자'는 거인 넷을 만들어 지구의 중심으로 보냈다. 거인들이 이쪽 끝에서 저쪽 끝까지 땅을 뚫고 동쪽으로 솟아나왔다. 그러자 땅이 움직임을 멈추고 모든 것이 잠잠해졌다. '땅을 창조한 자'는 그제서야 긴 한숨을 내쉬었다.

　"나의 모습을 본뜬 존재를 만들어야겠어." 이것이 바로 '땅을 창조한 자'의 생각이었다. 그는 점토 한 토막을 떼어내 거울 앞에서 빚어내기 시작

했다.

'땅을 창조한 자'는 빚기를 마치고 자신의 피조물을 향해 인사했다. "환영한다!" '땅을 창조한 자'는 쩍 벌어진 상처처럼 커다랗게 입을 벌리고 미소를 지었다. 하지만 피조물은 대답하지 않았다. '땅을 창조한 자'는 피조물에게 정신이 없다는 사실을 깨달았다. 그래서 피조물에게 정신을 주었다.

"환영한다!" 그래도 피조물은 여전히 대답이 없었다. '땅을 창조한 자'는 자기 정수리를 탁 쳤다. 혀가 없었던 것이다. 그래서 혀도 하나 만들어주었다. "환영한다!" '땅을 창조한 자'는 얼굴에 경련이 일 정도로 활짝 웃었다. 하지만 피조물은 계속 대답이 없었다. '땅을 창조한 자'는 뺨을 긁적이다가 영혼이 없다는 것을 깨달았다. 그래서 피조물에게 영혼을 만들어주었다.

"환영한다!" "크르즈그 트르프 드즈프드프르!" 이것이 생명체가 그에게 한 대답이었다. '땅을 창조한 자'는 생명체의 대답을 단 한 마디도 이해할 수 없었다. 피조물은 대단한 노력을 하는 것처럼 보였다. 혀를 이리저리 돌려 꼬아봤지만, 나오는 소리는 마치 뱃속에서 나는 소리와 같았다.

'땅을 창조한 자'는 피조물의 입 안에 숨을 불어넣고 다시 한 번 말했다. "환영한다!" 그러자 이번에는 작은 목소리로 피조물이 대답했다. "예, 예, 감사합니다. 그런데 누구시죠?"

'땅을 창조한 자'는, 왜 그런지는 잘 모르겠지만 가슴 한구석이 저려오는 것을 느꼈다. 피조물은 눈을 들어 그를 바라보았다. 그 커다란 두 눈 속에서 수천 가지의 행복하고 슬픈 이야기를 읽을 수 있었다.

나이지리아와 베냉 요루바족 신화

술의 폐해

오리샤의 높은 창문은 하늘과 바다를 향해 나 있었다. 오리샤에서는 하늘과 바다 외에는 전혀 볼 게 없었다. 우주 전체가 하늘과 바다였기 때문이다.

신들은 모두 오리샤에서 살았다. 하늘의 신 올로룬과 바다의 신 올로쿤, 그밖의 다른 신들을 거기서 만날 수 있었다. 다른 신들은 무슨 신이라 할 수도 없었는데, 우주는 아직 하늘과 바다로만 구성되어 있었고 오로지 두 신만이 필요했기 때문이다.

오바탈라 신은 이 단순한 우주에 땅을 추가하면 좋겠다는 생각을 했다. 발이 젖는 일 없이 산책을 하고 싶었던 것이다. 하늘의 신 올로룬은 오바탈라에게 새로운 것, 즉 땅을 창조해도 좋다고 허락했다. 오바탈라는 신들 중에서 가장 현명한 오룬밀라를 찾아갔다. 오바탈라는 오룬밀라가 조언을 많

이 해준다는 사실을 알고 있었다.

  오룬밀라는 오리샤의 아주 어둡고 작은 방에서 오바탈라를 맞이했다. 오룬밀라는 백발이 듬성듬성한 늙은 신이었다. 그는 떨리는 음성으로 오바탈라에게 말했다. "땅을 만들려면 긴 황금 줄과 모래로 가득 찬 달팽이 껍데기가 필요할 게야. 그리고 흰 암탉 한 마리, 검은 고양이 한 마리, 종려나무 씨앗 한 알도 필요할 게고."

  오바탈라는 오룬밀라가 일러준 것들을 모두 가방에 집어넣어 어깨에 걸치고, 긴 황금 줄을 하늘 귀퉁이에 건 후 거기에 매달려 내려왔다. 그는 인내심을 가지고 하늘 아래로 아래로 내려왔다. 황금 줄은 길고 길었다. 오바탈라가 황금 줄을 타고 내려온 것은 인간의 시간으로 치자면 대략 오천 세대에 해당했으니, 상당히 긴 시간임이 분명했다.

  마침내 황금 줄의 끝에 다다랐다. 오바탈라는 달팽이 껍데기를 꺼내서, 발을 적시는 안개 속에 모래를 쏟아부었다. 그러고는 가방에서 흰 암탉을 꺼내 풀어놓았다. 암탉은 깃털을 날리며 모래 속에 내려앉았다. 그러고는 질책하듯 한 번 꼬꼬댁거린 후 모이를 찾아 쪼며 모래를 사방으로 흩었다. 오바탈라는 흰 암탉의 부릿짓으로 산들이 솟아오르고 계곡이 펼쳐지는 것을 보았다.

  오바탈라는 가방에 들어 있던 종려나무 씨앗을 새로운 땅 속에 심었다. 곧 거대한 종려나무 숲이 만들어졌다. 숲은 초록색의 굵은 혀처럼 산허리를 감싸며 길게 뻗어나갔다.

오바탈라는 자신의 작품이 매우 만족스러웠다. 모래처럼 노랗고 종려나무잎처럼 푸른 땅은 그의 마음에 들었다. 오바탈라는 종려나무 그늘 아래 두 손으로 머리를 받치고 누웠다. 검은 고양이가 와서 몸을 둥글게 말며 기댔다. 오바탈라는 편안한 한숨을 내쉬었다. 그는 잠이 드는 순간 이 땅을 '이페'라고 명명했다.

오바탈라는 자신이 창조한 땅을 구석구석 돌아보며 종려나무 그늘이 나올 때마다 잠을 청했다. 정오에는 가장 시원함을 선사해주는 그늘을 선택했고, 종려나무의 긴 잎을 잘라 만든 공을 가지고 검은 고양이와 함께 놀았다. 그러나 오바탈라는 조금 지루했다.

그는 종려나무 술을 증류시켜 마시기 시작했다. 그러던 어느 날 저녁, 술을 많이 마신 오바탈라는 노래를 부르며 점토로 갖가지 신기한 형태의 물체를 빚기 시작했다. 밤새도록 술을 마시며 달빛 아래서 수십 개의 물체를 빚었다. 조각품은 서로 닮은 데가 전혀 없었고 각각의 모습들도 무척 기이했다. 그러면서 오바탈라는 슬픈 노래를 불렀다. 신으로 살아가는 권태로움과 신들의 약한 믿음을 이야기하는 노래였다. "신들은 자신을 믿지 않아." 노래의 후렴구 한 소절은 그렇게 얘기했다. 또 다른 노래는 이렇게 시작했다.

"신이 되고 싶다면 넓은 어깨가 필요해.

신은 자신이 존재하지 않는다고 내기할 수 없지.
신은 자신이 존재함을 마음속에 늘 새겨둬야 해.
피곤하다 해도 잠이 온다 해도 신은 머릿속에 늘 새겨둬야 하네.
'나는 존재한다.'
그게 맘에 들든 말든."

오바탈라는 자신의 외로움에 스스로 연민을 느꼈다. 신들의 불멸과 자만심도 생각했다. 오바탈라는 가만히 흐느껴 울었다. 그 와중에 점토가 잔뜩 묻은 그의 손가락이 기괴한 모양들을 빚어냈다. 완전히 술에 취한 오바탈라는 하늘의 신인 올로룬을 불러서 자신의 창조물에 생명의 숨을 불어넣어 달라고 청했다. 그는 방금 완성한 점토덩이를 가리켰다. 올로룬은 모든 것을 다 알고 있었다. 술을 너무 많이 마신 이를 언짢게 해서는 안 되는 법이다. 올로룬은 오바탈라의 점토인형에 생명을 불어넣었다.

다음 날 태양은 종려나무에 기대 잠든 오바탈라를 비추었다. 땅의 신은 먼저 한쪽 눈만 떴다가 다른쪽 눈도 마저 떴다. 아침 햇살이 망치질하듯 그의 머리를 내리쳤다. 그는 자기 주위에서 무언가 분주하게 움직이며 사방으로 뛰어다니는 소리를 들었다. 오바탈라는 자신이 전날 빚은 형상들을 경악에 찬 눈으로 바라보았다. 점토인형들은 살아 있었다!

  그것은 정말 처참한 광경이었다. 어떤 피조물들은 다리가 없어 기어다녔다. 오바탈라가 만들어준 다리 한쪽으로 폴짝폴짝 뛰어다니는 외다리 피조물들도 있었다. 하지만 정말 불쌍한 이들은 따로 있었다. 오바탈라가 공 모양으로 빚어놓은 아주 많은 피조물들은 그저 모래 속을 뒹굴기만 했다.

  오바탈라는 다시는 종려나무 술에 손을 대지 않겠노라 맹세했다. 그러고는 자신에 대한 수치심을 조금이라도 덜기 위해 새로운 점토인형을 만들기 시작했다. "이번 것들은 완벽할 거야. 모두 자기 다리로 똑바로 설 수 있을 거야. 다리를 둘 만들어줘야지. 그래 다리 둘을 만들어주는 거야, 양쪽에 하나씩 똑같은 길이로 말이지. 오른쪽에 하나, 이렇게. 왼쪽에 하나, 이렇게. 아주 좋아!" 오바탈라는 입술 한구석으로 혀를 살짝 빼물었다. 그는 막 인간을 완성한 참이었다.

  올로룬이 생명을 불어넣어주자마자 이 새로운 창조물들은 사방으로 길을 떠났다. 그 무엇도 이들을 막을 수 없을 것 같았다. 가장 높은 산에 오르기도 하고, 거대한 모래 평원을 지나기도 하고, 적절한 장소를 발견하면 곧 오두막집을 지었다. 오바탈라의 땅 이페의 강변마다 빠른 속도로 마을이 들어섰고, 마을은 순식간에 도시로 성장했다.

  다른 신들은 오리샤의 높은 창문을 통해 오바탈라가 창조한 세계를 경탄의 눈길로 바라보았다. 한 신이 말했다. "황갈색 땅 곳곳에서 자라나는 진

녹색의 종려나무, 정말 매력적이야. 고상한 취향이야." 그러자 또 다른 신이 말했다. "사방으로 뛰어다니는 작은 존재들, 그들의 행동은 이해가 잘 안 되지만, 그야말로 사랑스러운 존재들이야." 이번에는 모든 신들이 손뼉 치며 합창하듯 외쳤다. "진짜 대성공이야!"

바다의 신 올로쿤은 신들의 흥분에 공감하지 않았다. 그는 매우 화가 나 있었다. 오바탈라가 땅을 창조할 때 그에게는 아무런 의견이나 조언도 구하지 않았기 때문이었다. 올로쿤은 오바탈라의 땅에 대홍수를 일으켰다. 하마터면 모든 인간이 익사할 뻔했다. 이때 남은 물이 대양과 바다를 이루었다.

하지만 올로쿤의 분노는 쉽게 가라앉지 않았다. 그래서 항해자들은 바다와 대양을 경계하는 법을 배웠다. 바다는 끝없이 평온하고 바람도 전혀 불지 않다가도 가끔씩 갑자기 거센 파도가 일어나곤 했기 때문이다.

남아프리카공화국 줄루족 신화

도마뱀의 질주

선선한 밤이면 주술사들은 언제나 모닥불 주위에 둘러앉는다. 조그만 잔에 독한 술을 채워 마시면서, 박식한 동물이나 신에 관해 이야기한다. 마법이나 의술은 물론 주술도 없는 모임이다. 주술사들은 이런 밤에는 영혼을 불러내지 않는다. 그저 이야기 한 자락을 주워 듣기 위해 모여들 뿐이다. 이야기가 시작되면, 마치 영사기가 돌아가듯 이글거리는 불꽃 속에 등장인물들이 생동감 있게 움직인다.

어느 날 밤에 정말 재미있는 이야기가 오갔다. 물론 이보다 더 진지하고 교훈적인 이야기들도 있었다. 이야기 속 교훈은 매번 달랐고, 서로 반대될 때도 있었다. 하지만 일단 다 듣고 이해하고 나면 모든 이야기들이 전부 납득할 만한 것들이었다.

주술사들의 얼굴이 모닥불 불빛에 붉게 빛났다.
지금부터 들려줄 이야기는 그중 누가 한 것인지 모르겠다.

"거대한 씨앗이 한 알 있었다."
그 음성은 낮고 청명했다. 단어 하나하나를 떼내어 꼼꼼히 저울질이라도 할 것마냥 조근조근 말하는 목소리였다.
"씨앗은 우주의 중심에 있었다. 그러다가 땅을 향해 미끄러졌다. 그때 땅에는 연못만이 하나 있을 뿐 모든 것이 텅 비어 있었다. 씨앗이 땅에 닿아 연못 속 깊이 빠졌다."
목소리가 잠시 멈추었다. 그러다 다시 이어졌다.

"씨앗은 가라앉아 연못 바닥 모래 속에 자리를 잡았다. 곧 긴 갈대 하나가 물 밖으로 솟아올랐다. 그러고는 두 번째, 세 번째 갈대가, 그렇게 갈대 수천 개가 수면 위로 솟아올랐다. 최초로 솟은 갈대 끝에 웅크리고 있는 사람의 모습이 보였다. 그 사람은 가만히 몸을 펴고 사지를 쭉 뻗었다. 완전한 형상이었다. 그 사람이 갈대 맨 꼭대기에 똑바로 일어서자 그가 누군지 알 수 있었다. 바로 최초의 인간이자 만물의 창조자인 운쿨룬쿨루였다. 운쿨룬쿨루는 두 손으로 갈대 줄기를 잡고 단번에 부러뜨려 땅으로 떨어졌다.
운쿨룬쿨루는 당장 일을 시작했다. 산과 호수, 계곡을 창조하고 바람을 불게 하고 비를 내리게 했다. 해 하나, 달 하나를 만들고 많은 별들도 덧붙였다. 운쿨룬쿨루는 양 손을 허리에 얹고 땅을 바라보았다. 땅은 주름져 있었다. 주름은 산맥을 이루었다. 땅의 곳곳이 패여 있었다. 패인 곳마다 물이 고여 호수가 되었다. 땅 위로는 태양이 이동을 했으며 밤이 되면 별무리가 밤을 새워 땅을 지켰다.

운쿨룬쿨루는 연못 근처로 돌아갔다. 갈대 꼭대기마다 새로운 피조물들이 자라고 있었다. 운쿨룬쿨루는 줄기들을 뽑아 커다란 갈대 다발을 만들어 마구 흔들어대었다. 동물들이 땅바닥에 뒹굴었다. 다른 갈대들은 인간 남자와 여자를 품고 있었다. 운쿨룬쿨루는 그들 또한 풀어주었다.

운쿨룬쿨루는 남자와 여자에게 어떻게 사냥하고 불을 피우는지 가르쳐주었다. 추운 밤에 대비한 외투 만드는 법과, 기장을 재배하는 법도 알려주었다. 운쿨룬쿨루는 동물들에게 차례로 이름을 지어주었다. 그는 모든 일을 마친 후 남자와 여자를 세상에 보내어 거기서 살게 하였다.

인간은 땅이 기름져 초목이 잘 자라는 강변이나 호숫가, 바닷가에 자리를 잡고 번성해나갔다. 그들은 가축을 기르고 땅을 경작하기 시작했다. 시간은 그렇게 흘러갔다. 모든 평안과 근심은 하늘에서부터 오니, 그 이름은 '비'와 '가뭄'이었다."

목소리가 멈추었다. 주술사들은 모닥불의 불길을 살리려고 불꽃에 바람을 불어넣었다.

이야기는 다시 이어졌다.

"운쿨룬쿨루는 완성된 자신의 창조물을 바라보았다. 그는 인간들에게 말을 전할 전령으로 카멜레온을 보냈다. 메시지는 바로 갈대의 아이들인 모든 남자와 여자가 결코 죽지 않으리라는 내용이었다. 하지만 카멜레온은 산만하고 몽상적인 동물이었다. 길을 가면서 카멜레온은 자기가 인간의 집에 도착하면 어떤 일이 일어날지를 그려보았다. 인간이 자신과 자신이 전할 메시지를 어떻게 맞이할지 상상하며 카멜레온은 느릿느릿 나아갔다.

한편 마음이 초조해진 운쿨룬쿨루는 도마뱀을 불러 두 번째 메시지를 전하게 하였다. 새 메시지는 죽음을 담고 있었다. 날랜 도마뱀은 결코 도중에 쉬는 법이 없었다. 도마뱀은 곧장 인간에게로 갔다. 도마뱀이 인간의 집에 들어서니, 무슨 소식을 가져왔냐고 인간들이 물었다. 도마뱀은 자기가 죽음을 앞서왔으며 조만간 죽음이 들이닥칠 거라 대답하였다.

정말로 죽음이 마을마다 들어와 자리를 잡았다. 죽음은 도마뱀처럼 벽의 갈라진 틈 속으로 슬그머니 미끄러졌다. 두꺼운 벽을 통과한 죽음은 잠자고 있는 늙은 여자 한 명을 발견하고는 그 얼굴에 기어올라 입 속으로 들어간 후 목구멍 깊이 뛰어들었다. 다음 날 아침 사람들은 생명 없는 싸늘한 몸을 발견했다."

주술사들 사이에 기나긴 침묵이 흘렀다. 주술사들의 눈은 모두 여러 가지 영상이 잠시 나타났다 사라져버린 불꽃 속을 주시하고 있었다.

한국 미륵신앙 신화

창세가

황수선화의 작은 부화관 같은 지구

오솔길을 따라 숲 속을 지나다보면 우리 귀에 여러 노래 들려온다네. 그 노래들 신기하고 놀라워라. 노래는 흙 아래, 땅 아래 깊은 곳에서 울려나와 신발 밑창을 지나 우리의 턱과 귀까지 도달하는 것이라, 그렇게 우리는 상상한다네. 노래는 우리 두개골을 울리며 우리에게 이야기하네. 황수선화의 작은 부화관 같은 지구는 어떤 힘에 이끌려 움직이나니, 그 힘은 우리 눈에 보이지 않으며 한 번 숨결에 장막 뒤로 숨어버린다네.

하늘과 땅이 생길 때 미륵이 탄생하네. 미륵이 새 지구 위를 거니는데, 하늘과 땅이 서로 붙어 아직 떨어지지 않았네. 미륵과 미륵을 따르는 우리에게 우주는 가마솥 안처럼 시꺼멓게 보이더라.

미륵이 하늘을 돋우어 땅과 분리하고, 땅의 네 귀퉁이에 구리 기둥을 세우네. 하늘은 우리 머리를 둔 곳이요, 땅은 우리의 두 발을 둔 곳이라.

태초에는 해도 둘이요 달도 둘이니, 미륵이 달 하나를 쪼개어 북두칠성, 남두칠성을 만드시네. 해 하나는 쪼개어 작은 별과 큰 별들을 만들어, 작은 별들은 백성의 운명을 다스리는 직성으로 삼고, 큰 별들은 임금과 대신들의 직성으로 삼더라. 우주가 빛으로 환하고 올바르게 운행하니, 참으로 좋고 아름답도다. 어느 것 하나 바꿀 게 없음이라. 크고 작은 모든 별들이 하늘 저 높이 못박혀 있네. 고개를 젖혀 바라보면, 눈이 휘둥그레지게 놀랄 만큼 높은 곳에 하늘이 걸려 있네.

구름이 맨 처음 미륵의 옷을 발견하더라

미륵이 칡 껍질을 벗겨내고 서로 꼬아 잇고 익힌 후, 하늘 아래에 베틀을 놓고 옷감을 짜네.

"짤깍 짤깍 짤깍 짤깍."

때마침 그리로 지나던 구름이 베틀 소리를 듣네.

"짤깍 짤깍 짤깍 짤깍."

구름 하나가 다른 구름들에게 미륵을 가리키네. 미륵이 칡 장삼을 완성하여 입으니 허리춤에 섶이 겹쳐 있고, 머리에 고깔을 쓰니 눈이 가려지더라.

미륵이 메뚜기, 개구리, 생쥐를 심문하네

　아름다운 새 옷을 입은 미륵이 불의 근본과 물의 근본을 알고자 짐승들을 심문하네. 미륵이 메뚜기를 잡아서 형틀에 묶어 놓고 어떻게 심문을 하는지 보라.
　메뚜기 무릎을 때리며 묻기를, "여봐라, 메뚜기야, 너 물의 근본, 불의 근본을 아느냐?"
　메뚜기가 대답하기를, "밤이면 이슬 받아 먹고 낮이면 햇빛 받아 먹고 사는 짐승이 어찌 알겠소. 나보다 세상 구경 한 번 더 한 개구리를 잡아다 물어보시오."
　미륵이 개구리를 잡아다가 형틀에 묶어 놓고 묻기를, "여봐라, 개구리야, 너 물의 근본, 불의 근본을 아느냐?"
　개구리가 대답하기를, "밤이면 이슬 받아 먹고 낮이면 햇빛 받아 먹고 사는 짐승이 어찌 알겠소. 나보다 세상 구경 두 번 세 번 더 한 생쥐를 잡아다 물어보시오."
　미륵이 이번에는 생쥐를 잡아다가 묻기를, "여봐라, 생쥐야, 너 물의 근본, 불의 근본을 아느냐?"
　생쥐가 말하기를, "내게 무슨 상을 주시겠소?"
　"온 세상의 뒤주 속을 네 맘대로 누비어라." 미륵이 약속하네.
　그제서야 생쥐가 대답하더라. "한 손에 차돌 들고, 다른 손에 쇳조각 들고 금정산에 들어가시오. 금정산 높이 올라 그 둘을 마주 부딪치시오. 탁 탁! 탁탁! 그러면 불이 날 것이오. 물은 소하산 들어가면 찾을 수 있으니, 무성한 수풀 아래 샘물이 솔솔 나오니 그것이 곧 물의 근본이오."

미륵이 생쥐를 풀어주더라.

물과 불의 근본 알았으니 사람에 대해 말해보자

미륵이 한 손에는 은쟁반 들고 다른 손에는 금쟁반 들고 하늘에 축사하네. 미륵이 노래로 축사하지만 우리는 너무 멀리 있어 잘 들리지 않더라. 게다가 뇌우마저 몰아쳐 억수같은 비가 땅을 내려치니, 꼭 수천 개의 납 구슬이 양철 지붕 위로 떨어지는 것 같더라. 그 시끄러운 소리에 미륵의 목소리가 묻혀버리네.

노래가 시작되고 얼마 지나자 하늘에서 벌레가 떨어지는데, 금쟁반에 다섯이요 은쟁반에도 다섯이라. 금벌레는 남자가 되고, 은벌레는 여자가 되었네. 은벌레, 금벌레 장성하여 부부 되니 이들이 세상 모든 사람들의 조상이니라.

인류 최초의 아이들이 태어나자 태양이 비구름을 뚫고 하늘에 광활한 빛의 초원을 만드네.

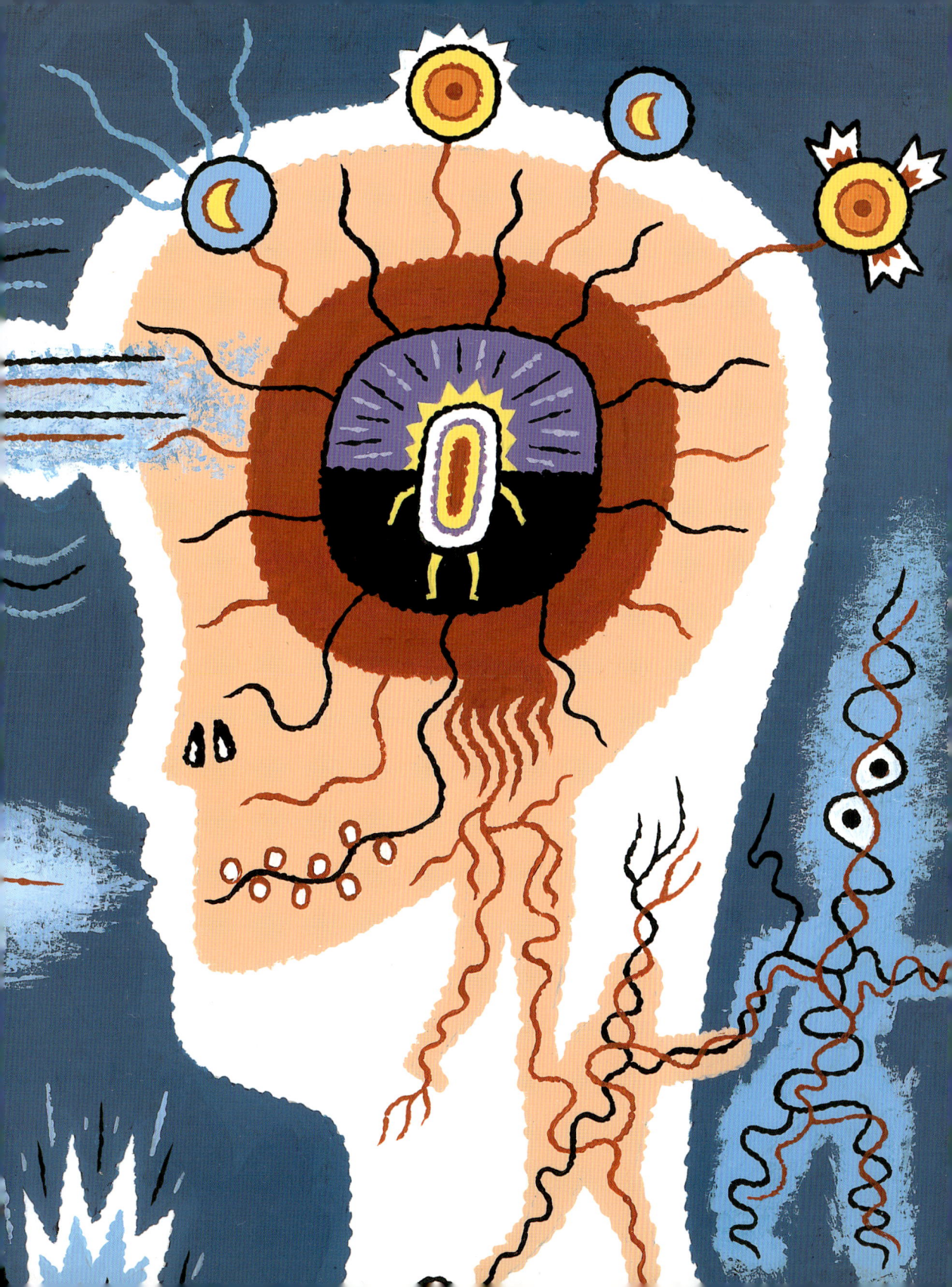

미륵과 석가의 내기

　최초의 인간이 황수선화의 작은 부화관 같은 지구 위로 퍼져나가네. 그들에게 존재란 갓 태어난 아기의 쭈글쭈글한 얼굴과 같더라. 세월은 태평하기만 하니, 인간은 바닥나지 않고 한없이 채워지는 광주리 속에 얼굴을 묻고 풍요로이 먹으며 지내네. 이때는 미륵의 세월이라.
　석가 신(神)이 미륵의 세월을 빼앗으려 하네. 석가가 땅에 내려와 강가에 앉아 갈대가 전해주는 이야기를 들으니, 갈대 줄기 사이로 미륵의 목소리가 들려오네.
　미륵이 말하기를, "아직은 내 세월이지, 네 세월이 아니다. 네가 내 세월을 빼앗으려거든 내기 시합을 한번 해보자꾸나."
　미륵의 목소리가 계속 들려오네. "더럽고 축축한 이 석가야, 이렇게 내기하자. 내가 동해 한가운데에서 금병에 금줄을 달아볼 테니 너는 은병에 은줄을 달아보아라. 내 병의 줄이 끊어지면 네 세월이 되고, 네 병의 줄이 끊어지면 네 세월은 아직 아니다."
　동해 한가운데에서 석가 줄이 끊어지네. 석가는 져놓고도 내기 시합 한 번 더 하자고 미륵을 조르더라. "성천강을 여름에 얼어붙게 할 수 있겠느냐?"
　정오가 되니, 작은 숲 속의 누런 장대 수풀 아래서는 소리 하나 들리지 않네. 시냇물은 순간 굳어버린 듯하고, 그림자는 모두 땅속으로 숨어버리네. 미륵과 석가가 나란히 제사를 지내는데, 미륵은 동지 제사를 올렸으나 석가는 입춘 제사를 올리더라.

   하루가 저물 무렵, 구름이 뭉게뭉게 피어오르더니 기적이 일어나네. 성천강이 얼어붙었네. 미륵이 또 내기에 이겼네.

모란꽃 훔치기

   석가가 말하기를, "내기 한 번 더 하자. 딱 한 번만 더 하자. 만약 네가 이기면 이 세상과 인간의 세월을 네게 아주 넘기기로 하지. 어때? 우리 이렇게 하자. 함께 한 방에 누워 모란꽃을 모락모락 피워보자. 모란꽃이 내 무릎에 올라오면 내 세월이요, 네 무릎에 올라가면 네 세월이다."

   석가는 도둑 심보를 먹고 자는 척만 하는데, 미륵은 진짜로 깊은 잠을 자네. 미륵 무릎 위에 모란꽃이 피어 올라오니, 석가가 꽃을 꺾어다가 제 무릎에 꽂더라. 하지만 미륵이 잠에서 깨어나 석가가 모란꽃을 제 무릎에 꽂는 걸 보네.

   미륵이 일어나 석가를 저주하여 말하기를, "축축하고 더러운 이 석가야, 내 무릎에 핀 꽃을 네 무릎에 꺾어다 꽂았으니, 너는 속임수를 쓰고 거짓말을 한 것이라, 그러니 너 저주를 받으리라. 모란은 꽃이 피어도 열흘을 못 가고 심어도 십 년을 못 가리라."

석가의 성화에 지친 미륵이 세상과 인간의 세월을 석가에게 넘겨주네

"내 세월을 가져가라, 석가야. 내 네게 넘겨주마, 이제는 네 세월이다."
미륵이 한숨을 쉬네.

꽃들이 땅 위로, 나뭇가지 위로 솟아오르며 활짝 피어나네. 꽃들이 말하네. 제대로 잘 들은 거야? 그럼! 미륵이 석가에게 자기 세월을 넘겨준대! 구름들도 땅을 향해 몸을 길게 늘여, 언덕 사이로 자욱한 안개를 만들더라. 구름들이 귀를 기울이네. 제대로 잘 들은 거야? 그럼! 미륵이 시간을 넘겨준대, 축축하고 더러운 신 석가에게 시간을 넘겨준대.

미륵의 예언

"석가야, 내 너에게 내 시간을 넘겨주마. 하지만 네 세월이 되면 이 땅 위에 무슨 일이 일어날지 보거라.
네 세월이 되면
문마다 솟대 서고,
집집마다 기생 나고,
집집마다 과부 나고,
집집마다 무당 나고,

집집마다 역적 나고,

집집마다 백정 나고,

네 세월이 되면 집집마다 병신 나고,

네 세월이 되면 삼천 중에 일천 거사 나리라.

세월이 그리하여, 네 이름으로 된 세월이 오면, 곧 말세가 되리라."

산 속 바위와 소나무가 된 중

그 후 삼 일 만에 미륵의 예언대로 삼천 중에 일천 거사 나오네. 석가가 중들을 데리고 산 속으로 떠나네. 석가가 앞장서 하늘을 가리키며 태양의 운행을 설명하더라.

도중에 중들은 노루와 사슴을 감탄해 바라보다가, 그중 몇 마리를 잡아 꼬챙이 삼십 개에 꿰어 노목을 꺾고 빈터에 불을 피워 구워 먹으려 하네. 중들이 고기를 이로 악 물어뜯더라.

중들이 고기를 먹는데, 중 하나가 일어나 제 몫의 고기를 발 아래 던지며 말하네. "나는 성인이 되겠다."

또 한 중도 일어나 제 몫의 고기를 발 아래 던지며 말하네. "나도 성인이 되겠다."

두 중은 불가에 둘러앉은 무리를 떠나 오솔길을 따라 숲 속 깊이 들어가

더라. 두 중이 홀연히 사라지네.

　두 중은 산마다 바위 되고 산마다 소나무 되네. 이는 또 다른 이야기니, 곧 영생을 이야기함이라. 두 중이 찾은 것이 곧 영생이라.

　이런 까닭에 지금까지 사람들은 해마다 삼사월이 돌아오면 짙푸른 녹음 속에 꽃으로 장식한 전을 부치며 화전놀이를 즐긴다네. 화전을 먹으며 산 정상 조금 앞 쪽을 바라보면 산 속의 바위와 소나무가 경이로운 봄빛 속에 눈부신 빛을 발하네.

찾아보기

 오스트레일리아 애보리지니 신화
움켜쥔 꿈 · 8

 아스테크 신화
벌새 깃털 한 뭉치 · 12

 켈트족 신화
검둥이 아팡 · 20

 중국 신화
반고의 고독 · 26

 말리 도곤족 신화
하늘이 노했다 · 32

 나이지리아 에피크족 신화
아바시와 아타이 · 40

 이집트 신화
소하그 시인의 노래 · 44

 하와이 신화
밝아오는 나날 · 52

 이누이트 신화
인간의 위 · 58

 북아메리카 이로쿼이족 신화
큰 거북 · 64

 잉카 신화
완전한 곳 · 70

 일본 신화
재회 · 76

 라트비아 신화
세밀화 · 84

 뉴질랜드 마오리족 신화
푸르고 무성한 슬픔 · 90

마야 키체족 신화
전능자의 이름 · 94

메소포타미아 신화
전쟁 · 100

미크로네시아 나우루족 신화
아레옵 에납의 노래 · 108

북아메리카 나바호족 신화
세 번의 갈대 속 여행 · 114

스칸디나비아 신화
비브로스트를 건너 · 122

인도네시아 세람족 신화
꿈속의 목소리 · 128

수단 실루크족 신화
귀에 깃든 정신 · 136

티베트 신화
미로 읽기 · 140

콜롬비아 위토토족 신화
폭풍우 몰아치는 밤 · 148

북아메리카 위네바고족 신화
환영한다! · 154

나이지리아와 베냉 요루바족 신화
술의 폐해 · 160

남아프리카공화국 줄루족 신화
도마뱀의 질주 · 168

한국 미륵신앙 신화
창세가 · 174

우리말로 옮긴 남윤지는 한국외국어대학교 통·번역대학원 한불과를 졸업했다. 파리 제3대학 통·번역대학원(ESIT) 한불번역과를 졸업하고 현재 동대학원 박사과정에서 번역학을 공부하고 있다.
전문 통역번역사로 일했고, 옮긴 책으로 『아르센 뤼팽의 여인들-백작부인의 결투』『사랑과 피』『도대체 내가 왜 이러지?』『페기수와 유령들-수상한 신기루』『꼬불꼬불 문자 이야기』 등이 있다.

세상은 어떻게 만들어졌을까 – 세계 창세 신화

초판인쇄 2008년 4월 1일 | **초판발행** 2008년 4월 8일
글 브누아 레스 | **그림** 알렉시오스 조이아스 | **옮긴이** 남윤지 | **편집** 신소희 최윤미 석혜란 | **디자인** 이현정
펴낸이 강병선 | **펴낸곳** (주)문학동네 | **출판등록** 1993년 10월 22일 제406-2003-000045호
주소 413-756 경기도 파주시 교하읍 문발리 파주출판도시 513-8 | **전자우편** kids@munhak.com
홈페이지 www.kids.munhak.com | **카페** cafe.naver.com/kidsmunhak
전화번호 (031)955-8888 | **팩스** (031)955-8855
ISBN 978-89-546-0538-0 03800

이 도서의 국립중앙박물관 출판시도서목록(CIP)은 e-CIP 홈페이지(http://www.nl.go.kr/cip/php)에서 이용하실 수 있습니다. (CIP제어번호 : 2008001015)